AF389425

MARIE MAITRE

FRANCESCA,
DE LA DOULEUR À L'ENVOL

ROMAN

Devoir de Mémoire N°2

Les Éditions de l'Œil du Sphinx

© 2021 LES ÉDITIONS DE L'ŒIL DU SPHINX

ISBN : 978-2-38014-042-2
EAN : 9 782 380 140 422
Collection : Devoir de Mémoire N° 2
ISSN de la collection : 26-81997X
Dépôt Légal : Septembre 2021
L'illustration de couverture est de Marie Maitre ©
L'infographie a été réalisée par Sabrina Pamies
Création logo LiberDesign®

Avertissement

Toute ressemblance avec des personnages existants
n'est pas obligatoirement fortuite !

Merci à tous ceux et à toutes celles sans qui ce livre
n'aurait jamais vu le jour :

Adrien, le professeur de français (RIP)
Antoine, un admirateur
Catherine, gouvernante chez Pierre et Vacances Arzon
Port du Crouesty
Betsy, éducatrice au foyer de Dijon
Chef Fahrid, instructeur de police
Fernande, grand-mère paternel de Francesca.
François Hollande, Président de la République
Gena, infirmière à l'hôpital de Dijon
Gilberte, la marraine (RIP)
Gladys, éducatrice référente
Héloïse, la fidèle confidente
Janne et Thibaut, personnel encadrant du stage de
cuisine
Laurent, un sympathique cuisinier
Loïc, le capitaine de Police
Martin, copain et amant du foyer de Dijon
Chef Muller, instructeur de police
Oscar, le vieil érudit des Buttes-Chaumont
Paola, la dame de maison du foyer de Dijon
Philippe, notre éditeur
Pierre, un animateur culturel chaleureux
Le Procureur de la République de Dijon
René, le père de Francesca
Richard, un admirateur
Sonia, une amie de Nuits-Saint-Georges
Véronique, gouvernante chez Pierre et Vacances Arzon
Port du Crouesty
Vincent, l'amant de l'hôpital de Beaune

TABLE DES MATIÈRES

Il est toujours extraordinaire de constater qu'une amie très chère est en train de percer le plafond de verre et c'est ce qui est en train d'arriver à Francesca. Comment un petit chaton fragile et maltraité par la vie a-t-il pu se hisser par la force de sa volonté et la qualité de son talent au niveau d'artiste respectée ? Le succès de sa dernière exposition et son impressionnante couverture médiatique m'ont poussé à prendre la plume, même si je sais — modestie oblige — qu'elle ne partagerait pas ma démarche. Mais j'ai besoin de raconter de belles histoires, et celle-ci en est une malgré les apparences.

Chapitre I

Des scoubidous en Bourgogne

Francesca est née dans les années 80 dans une petite commune de la Côte d'Or, Nuits-Saint-Georges, nichée dans une région bénie par le Dieu Bacchus ; la proximité de Dijon lui a donné de surcroît au fil des ans le caractère paisible d'une douillette banlieue résidentielle. La fillette était sous la coupe du père, René, employé dans l'agroalimentaire, une personne manifestant une violence de rustre, et de Martine, une mère au foyer qui essayait de protéger sa petite couvée. Elle était l'avant-dernière d'une sororie de cinq filles. Elle fréquentait une école maternelle agréablement ombragée et mon amie se souvient avec dégoût de la distribution des briques de lait à 10 heures et avec joie du passage annuel du Père Noël muni de ses petits cadeaux. Elle n'aimait pas se déguiser pour la fête du carnaval et refusait de monter sur scène pour jouer la pièce avec les autres enfants. Elle se souvient aussi : *je devais avoir 8 ans. Ma sœur proche et moi devions se faire couper les cheveux. Une coiffeuse était venue à domicile. Ma sœur est passée la première, elle lui avait fait un carré, j'ai dit à ma mère je veux qu'elle me fasse la même coupe qu'elle. Ma mère dit à la coiffeuse « non non, coupez tout court ». Je me suis retrouvée avec une coiffe taillée comme un garçon. Je détestais. Le lendemain je ne voulais pas aller à l'école. Je m'étais cisaillée toute ma frange, car j'avais horreur de ce qu'elle m'avait fait.*

Le 16 novembre 2010, le repas gastronomique français et les pratiques sociales qui l'accompagnent étaient inscrits par l'Unesco au Patrimoine immatériel de l'humanité

Info « France-Culture » du jour

La vie était rythmée par les interminables repas dominicaux chez les grands-parents. Cela barbait les filles qui ne rataient aucune occasion de se moquer de Léon, le grand-père maternel. Maigre comme un clou, il avait l'habitude de chanter comme un fausset lors des repas. Mais le plus drôle était les borborygmes bruyants qu'il émettait lorsqu'il mangeait sa soupe. Inutile de dire que Martine n'aimait guère ces moqueries. Fernande, sa femme, était l'image de la gentille Mamy. Bien portante, elle avait des problèmes de circulation qui lui gonflaient les jambes. Elle adorait que ses petites filles l'accompagnent pour une courte marche et ne manquait jamais de leur laisser un petit billet lors de leur départ ! Un billet qui était parfois capté par Martine, « car il n'y avait pas beaucoup d'argent à la maison ». Les visites chez les grands-parents maternels étaient aussi l'occasion pour Francesca d'aller voir sa marraine Gilberte. Une femme sympathique qui, malgré un gros chien qui terrorisait la gamine, était à la fois travailleuse et généreuse. Mais elle avait toujours une grande tristesse au fond des yeux. Francesca ne put jamais percer son mystère et s'effondra, à l'âge de 15 ans, lorsqu'elle apprit qu'elle s'était pendue dans sa grange.

Mais c'était chez les grands-parents paternels que les week-ends étaient les plus nombreux, car ils possédaient un grand terrain et René y passait beaucoup de temps à jardiner. C'était une corvée pour Martine, car déménager la petite tribu pour deux jours supposait de gérer une intendance assez lourde. D'autant qu'elle se taxait de faire des tartes qu'elle emportait pour les desserts. Mais les fillettes aimaient beaucoup ces visites. Germaine, la grand-mère, était une fine cuisinière et la salle principale embaumait tout au long de la journée. Mais le point d'orgue était le chocolat du petit déjeuner — pris parfois dans le jardin —, après une bonne nuit passée dans un « clic clac ». Germaine leur racontait sa vie des champs et n'était pas peu fière de leur avouer avoir failli figurer dans un film. Les réalisateurs cherchaient une petite fille blonde aux yeux bleus, mais hélas, sa mère fit barrage : « non, non, je ne vous prêterai pas ma fille pour votre film ». Un autre bon souvenir de mon amie est celui des balades en vélo, et notamment des courses qu'elles allaient faire avec la grand-mère dans la petite boutique du village. Elle recelait un véritable trésor fait de seaux, de pelles, et ballons et de fils pour faire des scoubidous ; la grand-mère n'hésitait pas, bien sûr, à choyer les gamines qui avaient un petit faible pour le tressage de scoubidous. Francesca était moins bavarde sur son grand-père paternel, Eugène qu'elle considérait à l'époque comme quelqu'un de dur.

Mon amie se considérait pourtant comme le « vilain petit canard ». Ses sœurs dormaient dans une chambre alors qu'elle était réduite à passer les nuits dans la salle commune de la maison. Elle m'a avoué avoir pris l'habitude de faire pipi au lit, pour attirer l'attention de sa mère, contrainte de lui changer les draps ou de la récupérer dans son propre lit. L'ambiance familiale était à la terreur, rythmée par les querelles violentes entre ses parents et une gestion domestique « à la baguette » : lorsque les enfants ne finissaient pas leur soupe, elle était resservie au repas suivant, et ce jusqu'à plus soif ! En fait mon amie n'était heureuse que lors de ses échappées sur le vélo des parents, pendant ses cours de danse classique ou à l'école qu'elle adorait. Elle avait sympathisé avec une petite fille de son âge, Sonia, qui vivait avec une affectueuse grand-mère qui la nourrissait de légendes locales. Pendant la récréation, Sonia lui résumait d'incroyables histoires peuplées de sorcières, dragons et autres monstres. Francesca était à la fois fascinée et effrayée, car elle savait très bien que ces contes allaient alimenter ses cauchemars durant ses longues nuits d'angoisse. Mais c'est aussi peut-être ces créatures surnaturelles qui lui donnèrent le goût de la lecture. Elle plongera plus tard avec délice dans les œuvres de Stephen King!

Elle avait peur de rentrer à la maison, «que va-il encore se passer?» et détestait par-dessus tout les vacances scolaires. Martine, quant à elle, trouvait que sa fille souffrait de troubles du comportement et emmena la pauvre choupinette consulter un psychiatre à l'hôpital de Dijon. Je rêve de mettre la main sur ce premier diagnostic de l'homme en blanc…

***

Un arbre qui tombe fait plus de bruit que mille arbres qui poussent.
Citation japonaise; *Le Japon en proverbes* (1905)

À l'âge de 9 ans, mon amie quitta la maison pour un appartement dans le chef-lieu du département. Sa mère avait demandé le divorce suite à une altercation particulièrement grave durant laquelle le père, chasseur, avait menacé de son arme la petite famille. On imagine sans peine la scène : cris, inquiétude des voisins, menace d'appeler la gendarmerie… La vie prit un nouveau tour à Dijon ; Martine avait la garde des enfants et le père un droit de visite et de week-end. Mais les fillettes détestaient aller chez ce dernier. La vodka (polonaise !) avait envahi le réfrigérateur du paternel qui ne cessait d'évoquer bruyamment ses jeunes années. Des anecdotes d'un intérêt limité pour les gamines. L'ambiance était tendue dans l'appartement de la mère et l'argent manquait. Francesca me confessa avoir éprouvé une grande honte lorsque sa mère dut vendre certaines de leurs affaires pour subsister. Martine était fatiguée, ne mangeait presque plus rien et faisait de fréquents malaises. Quant à Francesca, déménagement oblige, elle avait perdu sa meilleure amie Sonia et semblait inconsolable.

En fait, Francesca était tombée d'un enfer machiste à un univers de déliquescence familiale, fait de cris, de pleurs et de crêpage de chignons entre cinq sœurs qui se supportaient mal. Le manque cruel d'autorité amena la mère à solliciter l'aide sociale à l'enfance (ASE).

***

Je m'appelle Héloïse, et c'est à cette époque que je rencontrai Francesca en classe de CM1. Mon père, fonctionnaire à la Préfecture de Sens, avait été muté à celle de Dijon. Nous devînmes très vite inséparables et, malgré quelques « blancs » dus aux « choses de la vie », nous sommes restées en contact étroit, sachant qu'il y avait toujours quelque part une oreille amicale pour écouter l'autre. J'écris ces lignes de mon bureau au Cloître du Musée de la Vie Bourguignonne dont je suis la bibliothécaire. Les allées du déambulatoire abritent une exposition à laquelle participe Francesca, avec de magnifiques photos qui mettent en valeur son corps sublime.

En fait, nous étions très différentes. Francesca était d'une vivacité imprévisible, se fiant plutôt à son intuition qu'au raisonnement. Moi, j'étais plus réservée, mes parents me qualifiaient du reste « d'intellectuelle en herbe ». Me retrancher dans les livres était mon plaisir préféré. Mais, à la vérité, nous étions très complémentaires et ce qui nous unissait profondément était l'Art, sous toutes ses formes. Il n'est pas très étonnant que, malgré ma timidité, je l'aie rejointe au cours de danse classique qu'elle fréquentait.

À cette époque, elle continuait d'être suivie par un psy à l'hôpital du Bocage de Dijon.

Nous ne manquions pas de surveiller l'arrivée du taxi qui venait la chercher à l'école pour l'emmener en consultation. Elle adorait faire « le pitre » en classe, et, relevant un défi, elle s'est mise un jour à danser sur une table. Las, l'institutrice l'a surprise et la pauvre Martine a été convoquée…

Paule, sa sœur la plus âgée, quitta rapidement la tribu pour aller vivre avec son petit copain. Je pense qu'elle n'était pas encore majeure. Virginie, la seconde dans l'ordre d'ancienneté, était un peu la chouchoute de Martine. Elle adorait faire la fête et avait même le droit de fumer dans sa chambre ! Françoise, de deux ans son aînée, était très proche de Francesca. Elles adoraient papoter ensemble, se confier leurs petits secrets et le dimanche faire la messe buissonnière. L'église n'était pas trop leur truc, elles leur préféraient la boulangerie pour acheter des bonbons, friandises prohibées à la maison. Françoise a été mise dans un foyer pendant environ 3 mois jusqu'à sa majorité. Elle a pris ensuite un appartement sur Dijon, enceinte d'un petit copain qui n'avait vraisemblablement pas voulu reconnaître sa paternité. Francesca raconte avec douleur sa visite à la maternité : *ma mère avait tenu dans ses bras sa petite fille. J'ai voulu la prendre moi aussi, et ma mère a dit « non, non, il ne vaut mieux pas ! Tu vas lui refiler toutes tes mauvaises énergies et tu ne sens pas bon la cigarette.* Mais les deux sœurs restèrent très unies, et mon amie rendait souvent visite à Françoise qui lui tirait les cartes ! C'est de là qu'est née sa passion pour le Tarot, persuadé qu'elle est de pouvoir arracher des lueurs d'avenir grâce à ce jeu magique. Roselyne, la petite dernière avec 6 ans et demi d'écart, était en bagarre permanente avec ses sœurs. Elle jouait du violoncelle et était l'objet des moqueries des autres artistes en herbe qui préféraient l'accordéon.

Chapitre II

Une visite guidée en enfer avec Martine

Le conflit de Francesca avec sa mère devint de plus en plus violent. À chaque incartade de la gamine, Martine menaçait d'appeler le SAMU pour la calmer. Elle ne cessait par ailleurs de lui répéter *tu as vu comme tu as pris du poids*, alors que mon amie était tout à fait normale. Mais elle avait instillé le doute dans son esprit et la pauvre se mit à absorber des pilules pour maigrir, et ce bien au-delà des doses recommandées. Elle mettait des tenues d'hiver en plein été pour cacher ses soi-disant formes et ce qui devait arriver arriva. Lors d'une sortie en bus avec sa mère, elle perdit connaissance. Pompiers, hôpital, analyses sanguines. Le verdict tomba : anémie grave. Elle put rentrer à la maison avec comme prescription beaucoup de repos et une alimentation saine, riche en fer. Francesca n'osait plus sortir, de crainte de faire de nouveaux malaises.

Mais ce n'était que le début d'une plongée abyssale dans l'enfer développé méthodiquement par sa mère. Francesca avait son caractère et il ne fallait pas lui marcher sur les pieds. Mais Martine était la plus forte. J'ai été véritablement terrorisée lorsque, lors d'une de nos balades nocturnes, Francesca me confessa s'être mise à s'automutiler en se tailladant les veines. Elle ne voulait pas vraiment en finir avec la vie, mais c'était sa façon de lancer des appels au secours. Et d'ajouter que finalement, cela lui faisait du bien. Malgré le port de vêtements longs pour cacher ses plaies, Martine découvrit la situation et crut intelligent de lui dire : *qu'est-ce que tu as fait ? Je lui ai répondu* » qu'est-ce que ça peut te faire, tu n'en as rien à faire de moi ! Et elle m'a dit « Et bien continue ! Vas-y ! Coupe-toi les veines !*

Francesca fut hospitalisée une semaine à cette époque, un moment de bonheur où elle se sentait aimée et écoutée. Elle découvrit les marionnettes et se prit de passion pour le baby-foot. Gena, une sympathique infirmière, l'initia pour son plus grand bonheur aux travaux manuels. Mais le retour à la maison sera encore synonyme de déchéance. Martine cachait la nourriture dans le placard et avait même scotché le frigo pour l'empêcher de se servir. Elles en arrivèrent aux mains sur le thème "mais j'ai trop la dalle".

***

Je passais mes vacances à Nuremberg, chez

mes adorables grands-parents. Et nous avions pris l'habitude de nous écrire. Je reproduis ce petit texte, rédigé avec son impudeur désarmante :

En ce qui concerne la douche, j'essayais de me laver quand elle n'était pas là, car sinon elle s'amusait parfois à me regarder en train de prendre ma douche et coupait l'eau chaude alors que je n'avais pas terminé ma toilette. Elle m'avait surprise en train de me masturber. J'avais découvert qu'en dévissant la pomme de douche et le jet de l'eau, je pouvais me faire jouir, ça me faisait un bien fou, et dès que je pouvais le refaire je ne loupais pas l'occasion. C'était devenu ma petite drogue, mon bien être. Quand ma mère a découvert mon stratagème, je lui ai dit "ben quoi, il est où le problème ? J'ai le droit de me faire du bien" et j'ai ajouté "tu devrais faire de même, ça t'apaiserait et tu arrêterais peut-être de t'en prendre à moi."

Une scène qui entraîna comme il se doit un nouveau pétage de plomb et renvoya mon amie à l'hôpital. Gena la menaça de lui faire une piqûre de valium si elle ne se calmait pas… C'est à ce moment — elle avait 11 ans — que Francesca connut son premier amour. Une rencontre brève avec un garçon autrichien, Dietrich, qui resta peu de temps en France pour d'obscures questions de papiers. Elle découvrit le premier baiser dont elle parle encore aujourd'hui avec émotion : "Quelle belle sensation!". Elle sympathisa aussi avec Tania, une jeune fille hospitalisée qui n'avait pas le droit de sortir sans être accompagnée. Elle s'était mise en tête de fuguer et lui avait demandé son assistance. Réticente au départ, Francesca avait finalement participé à l'opération, attachant plusieurs draps ensemble pour permettre à sa camarade de descendre par la fenêtre. Opération réussit, mais la liberté fût de courte durée, car le lendemain elle avait été ramenée à l'hôpital.

***

Je suis toujours dans mon bureau à la Bibliothèque et le Cloître est écrasé par un brûlant soleil d'août. Les touristes attendent la fin d'après-midi pour visiter l'exposition. J'admire la photo où Francesca, nue, semble s'appuyer affectueusement sur un gorille. C'est vrai que mon amie aime les animaux et elle m'a fait beaucoup sourire en me racontant comment, gamine, elle avait chapardé chez ses grands-parents un lapereau pour l'emmener chez elle. Hélas, elle fut dénoncée par ses sœurs et le petit Bunny dut rejoindre le clapier. Elle eut plus de chance avec Cannelle, un adorable chaton que sa mère autorisa à conserver, à condition "qu'elle s'occupe de tout". Ils formaient, à l'époque, un couple inséparable Mais sa petite vie continue à se dérouler à l'hôpital, devenu son havre de paix. Une chambre propre et aménagée de façon confortable et un joli chien en peluche — cadeau de sa marraine — pour lui tenir compagnie. Elle se tenait à l'écart des autres patients, souvent dans un état lamentable. Par contre, elle s'intégrait parfaitement à la vie sociale, aidant les femmes de ménage à mettre la table où à faire la vaisselle. Elle adorait la collation de 22 heures où il y avait souvent un délicieux flanc à la vanille. Il lui arriva même de sortir avec les veilleurs de nuit pour aller au cinéma qui donnait alors *Pédale Douce*[1].

Gladys était son éducatrice de référence, une petite femme toujours souriante, qui avait mis au point un efficace jeu de devinettes pour aider Francesca à s'exprimer et à "vider son sac". Nul doute que cette thérapie lui fit le plus grand bien. Mais elle ne pouvait rester éternellement dans ce cocon et l'heure de rentrer à la maison finit par sonner.

Pour s'occuper, elle se mit à dessiner sur

---

1   Alexandre, un banquier macho, invite à dîner deux de ses collaborateurs, Adrien et André, dont il ignore l'homosexualité. Pour l'accompagner, Adrien a demandé à une amie, propriétaire d'une boîte gay, de se faire passer pour sa femme. Or, Alexandre n'est pas insensible aux charmes d'Eva et ne tarde pas à découvrir sa véritable identité ainsi que l'homosexualité d'Adrien et d'André.
Date de sortie initiale : 27 mars 1996
Réalisateur : Gabriel Aghion

des taies d'oreiller et des draps blancs et découvrit avec ravissement la broderie. Accaparée par cette nouvelle occupation et par l'affection à prodiguer à Cannelle, le calme revint entre la mère et la fille. Puis ce fut le départ pour le collège Marcelle Pardé à Dijon, où Martine l'avait inscrite en 6e comme interne. Martine fut du reste convoquée par la directrice de l'établissement et une infirmière de l'hôpital pour essayer de comprendre pourquoi ce choix de l'internat, alors que la résidence familiale était à proximité. Francesca s'intégra très vite à ce nouveau milieu et passait ses soirées à jouer à se faire peur avec ses condisciples dans les vieux couloirs du bahut. Sa seule sortie autorisée était le mardi soir, où je la retrouvais au cours de danse. Nous n'avions pas trop le temps de papoter, car il fallait qu'elle rentre au collège où l'attendait le Conseiller Principal d'Éducation qui lui avait gardé le repas du soir.

Francesca avait alors 13 ans et la situation familiale restait toujours aussi invivable. Elle allait un peu à reculons à l'école, car elle détestait sa classe, elle ne s'y sentait pas bien du tout. Alors Francesca quitta plusieurs fois les cours en plein milieu sans prévenir personne, et parfois elle partait carrément de l'enceinte du collège. C'était sa façon de parler.

En faisant cela, elle savait qu'elle serait convoquée pour expliquer le pourquoi de ses gestes.

Lorsqu'elle rentrait chez elle, elle se précipitait sur le téléphone pour écouter les messages. C'est ainsi qu'elle prit connaissance de l'appel du Conseiller signalant à sa mère qu'elle avait fuguée. Elle l'effaça, ce qui eut pour conséquence inéluctable l'envoi d'un courrier administratif demandant des explications. Après une bonne séance de mise au point avec Martine, Francesca décida de se reprendre en main et de travailler sérieusement. Elle se levait à 5 heures du matin pour apprendre ses leçons avant de retourner au Collège où elle arrivait en général très tôt. Plusieurs professeurs s'étonnèrent d'une présence aussi matinale. Elle recadra bruyamment une petite voisine de classe qui avait tendance à pomper lourdement sur ses devoirs et offrit une taie d'oreiller brodée à son professeur de maths qu'elle jugeait excellent. On imagine la surprise du brave homme, très touché! Mais son véritable coup de cœur était pour Adrien, son professeur de français, dont la plupart des élèves se moquaient. Je cite ici un extrait de l'un de ses courriers :
J'aimais beaucoup parler avec lui à la fin des cours. C'était quelqu'un de très cultivé, il m'apprenait

beaucoup de choses dans plein de domaines. Il était passionné également d'Art. Entre midi et 1 h 30, j'errais dehors le temps que le collège rouvre.

Chapitre III

Adrien, Jean-Marc, Patrick et les autres

Très souvent, avec Adrien, nous nous retrouvions 10 petites minutes avant l'ouverture du portail. J'attendais son arrivée avec impatience. Lors de ces minutes précieuses avec lui, je me suis confiée et il me disait « Francesca si je peux faire quelque chose pour toi, dis-le-moi, je le ferai ! Je lui ai répondu « tu fais déjà beaucoup pour moi, tu m'écoutes ! » Il avait été très touché par ce que je lui racontais. Il m'avait invité chez lui à venir boire un verre. Il m'a dit c'est la première fois que j'invite une élève chez moi !

J'adorais être chez lui. Il possédait beaucoup de bouquins d'Art, un tourne-disque avec de vieux vinyles ; j'adorais écouter la musique avec lui. Je dansais même, cela le faisait bien rire. Alors de temps en temps, quand je pouvais, je passais le voir pour discuter.

Il me disait « Francesca, passe quand tu veux ma porte te sera toujours grande ouverte ! J'avais été vraiment très touchée ! Je me sentais sincèrement écoutée par cet homme-là. Il me disait qu'il m'avait repéré en classe, car il avait vu que je n'étais pas comme les autres. J'étais assez retranchée de ma

classe. *Il me disait que je n'étais pas commune et que je possédais quelque chose de rare qu'il n'avait jamais vu jusqu'à présent. Il me disait « tu n'as pas besoin de me parler, tes yeux parlent. Tu as dans le regard une grande souffrance ; Je ne me fais pas de soucis pour toi, tu y arriveras ! »*
J'adorais ces moments avec lui, j'oubliais un peu mon quotidien.

> *Sois sage, ô ma Douleur, et tiens-toi plus tranquille.*
> *Tu réclamais le Soir ; il descend ; le voici :*
> *Une atmosphère obscure enveloppe la ville,*
> *Aux uns portant la paix, aux autres le souci.*
> Charles Baudelaire, *Recueillement*

Mais rien n'y faisait, et Francesca continuait à se faire du mal. C'était devenu sa drogue. Un jour où elle s'était profondément meurtrie, n'arrivant pas à juguler l'hémorragie, elle se retrouva à l'hôpital via l'infirmerie du collège : *ma mère m'a rejoint à l'hôpital où je suis tombée sur mon infirmière préférée, Gena, qui m'avait fait le bandage. Ma mère a demandé à voir ce que j'avais fait. Elle faisait semblant de ne pas en revenir et se paya le toupet de me demander pourquoi j'avais fait ça ! Je lui ai répondu « tu es sacrément gonflée quand même de me poser cette question, tu ne crois pas ? »*
Le bandage terminé, elle rentra chez elle pour un nouveau petit stage d'une horreur de plus en plus scatologique. Je lui rends la plume, car je m'en voudrais d'adoucir son récit : *parfois, le*

midi, quand je rentrais manger à la maison, c'était souvent la guerre. Ma mère a même craché dans mon assiette de colère : elle m'a dit « tiens vas-y bouffe ! » tu penses bien que j'ai pété les plombs, j'ai balancé l'assiette et suis repartie à mon école en larmes. Je ne supportais plus cette situation. Elle m'avait même balancé sur la tête un pot de pipi, car elle en avait marre que je pisse au lit. Et d'ajouter : la prochaine fois, je ne change plus tes draps !
Il était vraiment temps que je parte.

Je n'ai pas pu m'empêcher de penser, en lisant ces lignes, que Martine frisait la perversion suprême, quand on sait qu'elle obligeait par ailleurs ses filles, avant de dormir, de mettre leur chapelet sous l'oreiller et de faire leur prière.

Mes biens chers frères, mes biens chères sœurs
Reprenez avec nous tous en cœur
Pas de boogie woogie avant de faire vos prières du soir
Ne faites pas de boogie woogie avant de faire vos prières du soir
Eddy Mitchell

Francesca avait 15 ans, elle était en classe de 3e et partit un petit matin pour le collège avec son sac de voyage. Elle demanda à voir la Conseillère Principale d'Éducation et lui expliqua la situation. Il n'y avait pas de place disponible immédiatement en foyer d'accueil, aussi retourna-t-elle à l'hôpital le Bocage, en attendant qu'une place se libère. Elle était tellement connue dans cet établissement que, lorsqu'elle le quitta, elle eut droit à un pot de départ digne de ce nom! Elle se retrouva alors à la Maison pour l'Adolescence de Talant, un foyer pour les cas d'urgence où on ne pouvait rester plus de 6 mois. Il y avait un beau parc où elle aimait flâner. Elle succomba au charme vénéneux de la cigarette et passait l'essentiel de son temps avec les éducateurs. *J'ai toujours adoré être en la présence de gens beaucoup plus âgés que moi. Ils m'apportaient pleins de choses que les jeunes de mon âge ne possédaient pas. J'avais une soif d'apprendre sans limites et les adultes étaient parfaits pour moi.*

C'est à Talant que Francesca reprit contact avec son père en l'appelant. Grand moment d'émotion réciproque. Avec la bénédiction des éducateurs, elle put le rencontrer, d'abord sous surveillance, puis seule lors de balades partagées. Je ne sais pas ce qu'ils se sont racontés, mais ces retrouvailles firent le plus grand bien à mon amie.

Puis sonna l'heure du départ. Francesca était transférée dans un autre institut, à Chagny. Elle ne voulut absolument pas quitter Talant et fit une fugue en forêt, les gendarmes à ses trousses. Elle appela sa sœur Virginie puis son père qui avait déjà reçu visite de la maréchaussée. Elle finit par se faire prendre près du foyer où elle était allée quémander de la nourriture auprès d'une pensionnaire.

Ce fut alors l'expulsion et la découverte d'un nouveau collège. Sa scolarité de 3ᵉ était charcutée entre deux établissements et elle eut des difficultés à rattraper son retard. Elle rata le Brevet et se résolut à redoubler.

Le climat était à la violence dans son nouveau foyer et le soir de Noël elle fit une nouvelle fugue pour rentrer à la maison. Elle prit l'autoroute, empruntant la bande d'arrêt d'urgence à pied, au mépris de sa vie. Elle fut repérée par un véhicule de service qui la conduisit à la gendarmerie. Elle ne se priva pas de faire état des violences qui sévissaient dans l'institut de Chagny. Récupérée par une Directrice particulièrement enchantée d'avoir raté sa soirée de Noël, elle se confina dans sa chambre dans laquelle elle reçut pourtant la visite des éducatrices, lui apportant son cadeau : un lecteur de CD portable. Elle s'endormit de la musique plein la tête.

Elle fut présentée au médecin psychiatre, Jean-Marc, un homme de taille moyenne qui respirait confiance et sécurité. Il lui dit être à sa disposition tous les jeudis pour discuter. Et on verra par la suite que Francesca sut en user et abuser… Mais la violence continuait de battre son plein dans l'établissement, et une nuit, un incendie se déclara dans la chambre d'une jeune fille qui avait été prise en grippe par ses camarades. Francesca, assommée par les somnifères, n'entendit pas les appels « au feu » et fut évacuée in extremis. Les coupables, car il s'agissait bien d'un incendie criminel, avouèrent leur forfait et furent placés en garde à vue.

Pour ses 15 ans, son père lui avait offert un téléphone portable avec une mobicarte, ce qui lui permit de reprendre contact avec Adrien. Ils avaient mis au point un petit stratagème sympathique *: Il m'avait dit» fait-moi sonner 1 fois et je saurai que c'est toi, je te rappellerai et comme ça tu gardes tes unités»*. Francesca passa un long moment à lui raconter ses péripéties, et à chaque fois, son ancien professeur lui disait de tenir le coup, que tout cela n'était que provisoire.

Elle reprit la route du collège, bien décidée à faire une bonne année et décrocher son brevet. Mais elle dérapa gravement au foyer, victime d'une crise de manque de nicotine. Elle n'avait plus de cigarettes et l'éducatrice refusa de lui avancer de l'argent de poche. Pétage de plomb particulièrement violent, d'autant que les autres pensionnaires fumeurs ne voulurent pas la dépanner, eux-aussi gérant parcimonieusement la précieuse drogue. C'est finalement un éducateur qui, pris de pitié, lui donna la clope salvatrice !

Le cuisinier de l'Institut s'appelait Laurent et il adorait ses pensionnaires qu'il appelait «mes loulous». Francesca était tombée sous son charme et passait de longues heures à la cuisine à se confier au marmiton. Elle n'hésitait pas à mettre la main à la pâte et à participer au service lors des grandes réunions. Il était possible de demander une autorisation de sortie pour ceux qui restaient le week-end, et ses amis pour aller faire les boutiques en ville. Francesca n'aimait pas ça et préférait les longues marches dans la nature. Elle attendait avec impatience l'arrivée d'un éducateur dont la réputation de randonneur avait déjà fait le tour du foyer.

***

Nous ne nous voyons plus guère depuis que Francesca avait changé de collège. Mais elle allait bientôt revenir à Dijon et le téléphone portable fonctionnait à plein régime entre nous. Elle était intarissable. Les éducateurs lui avaient trouvé une famille d'accueil à la campagne pour passer certains week-ends et, malgré un environnement agréable, elle y était très malheureuse : le téléphone portable ne passait pas !
Elle poursuivit son parcours scolaire cahin-caha, même si elle préférait faire le pitre en classe plutôt que d'étudier. Elle aimait

beaucoup le cours de français, surtout lorsqu'il y était question de théâtre et croyait intelligent de répondre aux questions du professeur de français… en anglais. Elle avait du mal à suivre les cours d'histoire géo, se perdant dans les chronologies, et était totalement imperméable aux sciences physiques. Pour tuer le temps, durant les séances de travaux pratiques, elle adorait jouer avec des trombones, à la surprise de ses camarades et du professeur. Elle rêvait — rêve prémonitoire — d'en faire des sculptures.

Elle détestait prendre ses repas à la cantine, trop bruyante et où bien sûr il était interdit de fumer. Griller une cigarette aux toilettes était un pis-aller, alors elle trouvait moyen de s'échapper à l'heure de midi par un petit passage discret près de l'infirmerie. Son manège fut vite repéré, et après un bon recadrage, elle obtint l'autorisation de quitter le collège à midi pour aller déjeuner au foyer. Le bonheur d'une liberté retrouvée !

Elle s'était faite d'un petit copain au foyer. *Il était d'origine Italienne je crois, il était beau, très beau, j'étais littéralement tombée sous son charme. Mais comme beaucoup d'histoires d'amour ça ne dure que très peu de temps ! Mais ce n'était pas grave, je m'étais vite retrouvée un autre petit copain. Les garçons ne manquaient pas. Je crois bien qu'il y avait plus de garçons que de filles. On va dire que c'était des petites histoires d'amour sans lendemain.*

Mais elle va surtout faire la connaissance de Patrick, le veilleur de nuit, avec lequel elle prend l'habitude de discuter lors de ses nuits d'insomnies. Elle en tombera follement amoureuse et avouera plus tard que c'est grâce à cette relation qu'elle cessera plus tard de se scarifier. Il avait 33 ans et elle 15 ans et demi et firent pour la première fois l'amour dans une petite chambre située près du bureau de Patrick. Francesca était transportée, des étoiles plein la tête et de beaux éclairs au fond des yeux. *Nous regardions des films dans la salle télé quand tous les jeunes étaient couchés. Il m'avait offert des paquets de cigarettes, il fumait des Chesterfield rouge. On avait même bu du champagne dans la salle télé avec des petits trucs à grignoter. C'était vraiment cool !* Patrick était certes en couple, mais apparemment sa copine ne le satisfaisait plus. La naïveté de mon amie était déconcertante et je lui rends la parole pour la scène qui va suivre, digne des meilleurs vaudevilles :
J'avais rencontré un jour sa compagne, elle était un peu plus grande que moi, son visage ne respirait pas la joie de vivre. Elle faisait souvent la gueule. Il m'avait invité chez lui un jour quand son amie était partie bosser. Nous avions pris un bon bain, bouteille de champagne…
Mais à un moment, on entendit des bruits de clefs

derrière la porte. Il me dit va vite te cacher dans le placard de la chambre, je vais voir ce qui se passe. Mon cœur battait à 100 à l'heure, j'avais trop la trouille, j'étais nue et planquée dans le placard de la chambre. Je me disais, imagine, elle veut se changer ou récupérer une veste dans le placard ! Je suis trop mal là ! Mais fort heureusement, elle avait oublié des choses dans le frigo qu'elle devait amener pour un repas. Ouf, j'étais sauvée, mais après je n'étais pas tranquille. On s'était dit la prochaine fois, on se verra ailleurs.

Le petit manège entre les deux amants finit par se faire remarquer et Francesca, mal dans sa peau, crut bon d'en parler à Manu, l'autre veilleur de nuit. Horrifié, il fit le lendemain la leçon à Patrick qui, affolé, demanda à Francesca de se rétracter. Patrick risquait de perdre sa place. Elle fit donc piteusement amende honorable. Mais pour « simplifier les choses », elle n'avait pas manqué de parler avec enthousiasme de sa relation à sa sœur Françoise. Martine fut immédiatement mise dans la boucle. Sa réaction fut immédiate : lettre de dénonciation au Directeur de l'établissement et certainement dépôt de plainte. Francesca fut convoquée par le boss, très ennuyé, car il était un ami de Patrick. Elle m'a précisé perfidement : *heureusement qu'il ne savait pas que nous avions fait l'amour sur son bureau !* Nouvelle séance de rétractation honteuse, au grand soulagement du Directeur.

Ces incidents, malgré leur gravité, n'entamèrent pas la passion des deux jeunes gens, et Patrick avait pris l'habitude d'emmener sa dulcinée dans son camion-benne, cachée sous une couverture.

Les vacances approchaient. Francesca demanda l'autorisation d'aller en villégiature chez son oncle dans le Jura, ce qui lui fut accordé. Elle avait attrapé une violente toux au Foyer de Chagny, et cette affection dura très longtemps. Les éducateurs l'ont emmenée passer des examens. Martine ne voulait pas qu'elle prenne des antibiotiques, car elle était contre. Le foyer ne pouvait donc pas lui administrer de médicaments sans son consentement. Elle a vraiment souffert, même les enseignantes en avaient assez de l'entendre tousser. On n'entendait qu'elle ! Les résultats d'analyses sont tombés, infection pulmonaire. À vrai dire, elle n'en revenait pas. Une infection pulmonaire ? À son âge ? Le médecin lui dit « On ne va pas demander l'avis à ta mère, il faut vraiment que tu te soignes avant que ça ne s'empire ».
Elle a dû tousser pendant de nombreux mois.

Elle fut dispensée de collège pour préparer ses révisions, au calme dans sa chambre au foyer. Elle déploya de gros efforts et décrocha haut la main son BEPC, à la grande surprise de certaines enseignantes. Patrick voulait absolument fêter cela et lui demanda de prendre une «sortie libre» pour aller passer une nuit à l'hôtel. Malgré un refus de l'administration, Francesca prit la clef des champs afin de partager un nouveau moment de félicité. Et de façon étrange, elle ne fut pas réprimandée à son retour.

Au niveau du collège, elle demanda l'autorisation de retourner sur Dijon à la rentrée, dans un lycée où il y avait l'option «audiovisuel» qu'elle souhaitait suivre. Une famille d'accueil lui fut trouvée. Elle aurait sa chambre et une compagne du même âge environ.

Chapitre IV

Les araignées de la Salette

Ce qui va suivre est difficilement supportable. Je laisse dans sa quasi-intégralité la lettre qu'elle m'avait envoyée à la fin de son séjour.

Les vacances arrivèrent et le juge m'octroya donc 15 jours de repos chez mon oncle Georges, le frère de la sœur de Martine. Mon oncle et ma tante habitaient dans le Jura, à proximité de Dole. C'était sympa, cela faisait un moment que l'on ne s'était pas vu donc nous avions pas mal de choses à nous dire. Georges était un homme que j'appréciais beaucoup dans ma famille. Il était drôle, il sortait souvent des blagues qui n'étaient pas toujours du goût de sa femme.

Je possédais ma chambre personnelle. À cette époque-là, j'avais la phobie des araignées mêmes les plus petites. À chaque fois, je regardais partout dans la chambre avant de m'endormir pour voir si je ne trouvais pas une habitante à 8 pattes. Quand j'en trouvais une, je leur demandais qu'ils viennent me l'écraser. Ma tante disait « Oh, mais enfin voyons, ce n'est rien les petites ne mangent pas les grosses et nous sommes à la campagne ! Oui, d'accord, mais bon quand on a peur, on a peur ! »

J'étais la plupart du temps avec mon oncle, car avec ma tante j'avais plus de mal à discuter. Elle ne voulait pas faire grand-chose.

Ils avaient programmé de m'emmener passer quelques jours à la Salette, un merveilleux endroit de pèlerinage où l'on pouvait faire de longues balades. On allait passer la nuit dans des dortoirs, je crois qu'il y avait 4 lits superposés dans chaque pièce. Les douches étaient dans le couloir et il fallait mettre un jeton pour avoir de l'eau chaude. De façon très curieuse, je n'ai aucun souvenir des repas. Je ne me souviens même plus où nous avions mangé.

Arrivés sur les lieux, nous déposons d'abord nos bagages dans la chambre pour profiter d'un bon bol d'air.

La nuit tomba, nous partons nous coucher. Moi j'avais un peu peur, j'ai donc dormi avec mon oncle et ma tante se trouvait sur le lit en dessous. Mes amies à 8 pattes étaient très nombreuses et j'avais la hantise du noir.

Maintenant, il me reste de très vagues souvenirs sur les faits que je vais te raconter, car j'ai essayé d'oublier toute cette période. Mon oncle commença un petit jeu d'attouchements perfides. J'étais complètement paralysée. Je ne savais pas quoi dire, quoi faire, j'étais devenue une Francesca de verre, plongée dans une forme de terreur absolue. Il me disait « t'inquiète la Margot (ma tante) dort, elle ne verra rien et elle a le sommeil très profond ».

J'aurais pu crier, me débattre, appeler à l'aide ! Mais je suis restée sans voix et me suis laissé faire, morte de honte. J'avais hâte qu'il en termine avec moi.

Je me souviens que le lendemain, nous avons fait une très longue balade. Je n'ai pas du tout apprécié l'excursion, j'étais pressée de quitter ce lieu ; mes sentiments étaient un mélange d'incompréhension, de colère, de dégoût…

Quand nous sommes rentrés au gîte, je faisais comme si tout allait bien, je me forçais à rire… Mais j'avais trop envie de pleurer. En plus à la Salette, le téléphone ne captait pas et je ne pouvais pas t'appeler. J'ai quand même réussi à envoyer un message à Patrick en lui disant que j'avais hâte de rentrer au foyer. Il me dit « Pourquoi, ça ne se passe pas bien ? » Je lui répondis : Si si, ça va… Enfin non…, mais je ne peux pas t'en parler au téléphone.

Mon oncle ne m'avait pas expliqué pourquoi qu'il avait agi ainsi. Tout était flou pour moi jusqu'au jour où nous avons fait une longue balade à vélo. Nous nous sommes assis sur un banc, et là nous avons discuté un moment. Il m'avoua qu'avec sa femme il n'avait plus de relations, que je n'étais plus la petite fille qu'il avait connue par le passé, que j'étais devenue une belle femme…

De retour à la maison, et pour oublier tout ça, je lui avais demandé qu'il me serve un coup à boire. Il avait tellement tassé le verre que sa femme lui dit : « Arrête enfin voyons elle en a assez ! » Bien au contraire, si j'avais pu boire la bouteille, je l'aurais fait. Le soir venu, nous regardions un petit film à la télé et sa main baladeuse se remit au travail. Il me pénétra, commentant sa jouissance avec une élégance douteuse :« Je t'ai fait des chevaux » ce qui sous entendait « je t'ai fait des enfants » et il me disait ça sera notre petit secret. « Promets-moi de ne rien dire ! »

J'ai pu écourter mes vacances avec eux en invoquant je ne sais plus quel prétexte. Arrivée sur Chagny, il faisait nuit noire, il était tard, nous nous étions arrêtés sur le bas-côté avant de rentrer dans l'enceinte du foyer. Il m'avait glissé un billet de 100 f et une bouteille de vin que j'avais cachée dans mon sac, car l'alcool était prohibé. Il m'avait également laissé un paquet de cigarettes.
Arrivé dans la cour du foyer, les éducateurs sont sortis et on dit « Alors tout s'est bien passé ? »
Ils répondirent « oui, oui, très bien, Francesca a beaucoup apprécié ! » Moi j'avais envie de vomir. Je suis partie défaire mes affaires en pleurs dans ma chambre. Ce soir-là, Patrick ne travaillait pas, alors je suis restée dans ma chambre. Je rassurai une éducatrice qui, inquiète, était venue voir si j'allais bien.

Les jours passèrent et je n'étais vraiment pas bien. Je me sentais sale, très sale et je n'arrivais même plus à avaler quoi que ce soit. J'ai pris la décision d'en parler. J'ai demandé à avoir un rendez-vous avec le médecin psychiatre du foyer.

Au départ de notre entretien, j'étais muette comme une carpe, je ne savais pas par où commencer. Puis, à un moment donné, je me suis mise à éclater en sanglots. Bien évidemment, il ne comprenait rien à ce qui se passait. Il est venu vers moi, m'a dit « Que se passe-t-il Francesca ? » « Quelque chose ne va pas ? » Vas-y, lâche-toi si ça te fait du bien ! » « prends le temps qu'il faut »

Je lui ai dit « Si je vous raconte, promettez-moi de ne rien dire s'il vous plaît ? De n'en parler à personne » ! Il m'a répondu « Francesca, tout dépendra de ce que tu me raconteras ! Mais pour que tu sois dans un état pareil, il a dû forcément se passer quelque chose. J'ai repris un peu mes esprits et j'ai commencé à lui narrer mes vacances. Je ne sais plus trop comment l'entretien s'est terminé, mais ce dont je me souviens, c'est qu'il était descendu dans le bureau des éducateurs et qu'ils avaient fermé la porte.

Il avait sûrement dû raconter ce qui s'était passé. J'avais dit » vous m'aviez promis de ne rien dire ! Et il m'a répondu « Francesca, je ne peux pas ignorer ces gestes-là, ils sont graves et doivent être punis par la loi. »

Ils ont déposé une plainte contre mon oncle, mais moi je ne voulais pas déposer plainte malgré ses gestes.

Je l'ai eu de longues heures au téléphone, il me disait « Francesca, pourquoi tu as dit ça ? Retire ça tout de suite ! Je risque gros avec des faits pareils ! » Il menaçait de se suicider et, derrière le téléphone, on entendait des bruits de couteaux, puis des fois plus rien. J'étais inquiète, je me disais et s'il se suicidait en direct là au téléphone ?
Moi je voulais juste avoir les raisons de ses gestes. Pourquoi il avait fait ça à moi alors que j'étais de la famille, pourquoi s'en être pris à une gamine de 15 ans ?
Je n'ai pas eu beaucoup de réponses de sa part excepté des « s'il te plaît, dis-leur que c'étaient des mensonges et enlève ta plainte ! » Je lui disais « je n'ai même pas déposé plainte contre toi, c'est le foyer ». Il me répondit « Vas-y, tu veux combien ? » ... Je lui ai dit que je n'en avais rien à faire de son argent et que j'en avais marre d'être prise pour une conne. J'ai raccroché, puis quelque temps plus tard, j'ai reçu une lettre de sa part avec un petit billet. La lettre disait qu'il fallait absolument que je dise que s'était des mensonges avant que ça n'aille trop loin. Il me semble que de colère j'avais déchiré la lettre en mille morceaux. Plusieurs fois par jour, je recevais des SMS de sa part pour me faire arrêter tout ça.
Il me répétait « Francesca, il est encore temps

d'arrêter tout ça !» Je ne répondais pas aux messages, je les supprimais. De toute façon tant que je n'avais pas déposé plainte moi-même, la procédure ne pouvait être lancée, mais étant donné que j'étais dans un foyer avec protection par le juge, on ne pouvait pas laisser passer ça.
J'ai donc reçu une convocation et fus reçue par 2 inspecteurs. Le commissariat possédait une petite pièce dédiée pour les enfants victimes de violences. Cette pièce se trouvait tout près du foyer.

> *Si active et si diligente qu'elle soit, la police ne parviendra jamais à arrêter le temps qui s'enfuit.*
> Pierre Dac ; *Les pensées* (1972)

N'eût été l'atrocité des faits, la suite prêterait à sourire, car elle est digne d'une série policière américaine de second ordre. Et pourtant, Francesca n'était pas habituée à ce genre de spectacles, Martine ayant interdit ces émissions de TV aux filles « car il y a trop de sexe. » Elle fut reçue par le capitaine de police, Loïc, dans une pièce truffée de matériel, spots, enregistreurs… Le policier était affable, mais Francesca était terrorisée, va-t-on la croire alors qu'elle n'avait aucune preuve, ayant détruit tous les SMS de son bourreau ? L'interrogatoire lui sembla durer une éternité, elle avait envie de fumer, de vomir. Loïc l'assura de tout son soutien et lui dit qu'il resterait à sa disposition pour la suite, en cas de besoin. Quand elle sortit, elle alla dans une épicerie acheter une bouteille de vin de qualité médiocre et se réfugia dans un parc pour s'enivrer. Le retour au foyer se fit sans gloire, mais aussi sans reproche, les éducateurs ayant compris ce qu'il s'était passé. Elle explosa dans sa chambre, traitant son oncle de tous les noms d'oiseaux possibles. Patrick essaya de la consoler, tant bien que mal.

Mais le calvaire était loin d'être terminé et le prédateur continuait de l'inonder de SMS lui demandant grâce. Elle fit appel au policier, heureux de pouvoir récupérer enfin des preuves matérielles. Il l'encouragea à tenir bon et ne pas commettre de bêtises. Francesca lui cria son admiration et lui avoua vouloir faire le même métier que lui, au service des autres. Mais elle savait, au fond d'elle-même qu'elle ne le reverrait bientôt plus[2].

---

2   Loïc décida de s'envoler pour d'autres horizons et partit pour le Congo.

Chapitre V

On l'appelait Cannelle

La rentrée se déroula sous le beau soleil d'automne, illuminant de ses feux les délicats vallons de la Côte d'Or. Le nouveau lycée de Dijon était un énorme bahut, dans lequel elle se sentit un peu perdue au départ. Mais il avait deux avantages : il possédait un coin fumeurs et on pouvait sortir à midi pour aller manger dans une petite brasserie. La tutelle administrative était lâche, de simples entretiens « ouverts » où on lui remettait notamment son argent de poche. En revanche, côté famille d'accueil, les choses se gâtèrent très vite. Francesca supportait mal leur côté « Tartuffe », leur sport favori étant de dire du mal des autres; et tout le monde y passait. Patrick était loin désormais et elle appela sa sœur Françoise qui, malgré un accouchement imminent, vint partager avec elle le repas de midi. Et c'est là qu'elle apprit le drame qui avait frappé sa marraine Gilberte. J'avais déjà évoqué cet événement, mais j'ai compris depuis que mon amie avait au fond d'elle-même un terrible doute : et si Gilberte avait mis fin à ses jours en apprenant ce que son oncle lui avait fait ? Francesca rentra au lycée où elle s'effondra ; elle sécha le cours de gymnastique et alla voir les éducateurs pour leur dire qu'elle voulait quitter l'établissement. Une conversation sportive, d'autant plus que la famille d'accueil était déjà au courant de la situation. Elle dut faire une lettre au Directeur et se mis en quête d'un apprentissage.

Signe annonciateur de sa future carrière artistique, elle décrocha une formation chez un tailleur de pierre. Elle était ravie, s'était procuré tout le matériel nécessaire, mais dut vite déchanter. L'atelier du Maître d'apprentissage n'était pas aux normes pour accueillir la stagiaire. Elle se retrouva à nouveau au point zéro, avec une famille de Tartuffes qui ne faisaient aucun cadeau. Patrick venait de temps à autre passer une journée avec elle et elle eut droit un matin à la remarque suivante : *ben dis donc, tu vas au cul de bien bonne heure !*

Prévenus par le juge, son père et sa mère se retrouvèrent au tribunal, dans une ambiance glaciale, pour statuer sur les conséquences à tirer de sa conduite. Francesca était incapable de regarder la matrone et le juge ajouta que Francesca avait manqué de respect à la famille d'accueil. Après des débats houleux, et au grand dam de l'intéressée, Francesca fut rendue à la garde de sa mère. Inutile de préciser que cette dernière était également particulièrement ravie. Mon amie retrouva les fondamentaux familiaux, réfrigérateur barricadé, eau de la douche coupée. Elle n'en pouvait plus et appela son père pour voir s'il ne pouvait pas lui trouver un petit boulot dans l'agroalimentaire où il travaillait. Par chance, il put l'embaucher rapidement : elle découvrit une belle ambiance et reçut une petite rémunération qui allait lui permettre de… manger et d'acheter le matériel nécessaire pour reprendre ses cours de danse classique. Martine poussait le vice jusqu'à débrancher le câble péritel, pour empêcher mon amie de visionner ses exercices.

Le point zéro de cette période fut certainement celui-ci. Elle m'avait écrit :

Un soir, rentrant de ma journée de travail, je ne vis plus ma chatte. Je l'ai appelée un moment, suis allée voir si elle était dehors, car elle avait l'habitude de se promener puis quand elle avait envie de rentrer, on l'entendait miauler. Personne, j'ai pensé qu'elle était peut-être partie loin et qu'elle reviendrait quand elle aurait faim. Ma sœur passa et je lui dis « C'est bizarre, tu n'as pas vu Cannelle ? Ça fait plusieurs jours qu'elle n'est pas rentrée. » Elle me dit « Non non, je ne sais vraiment pas ! » Mais je soupçonnais en elle quelque chose, je la connaissais trop bien pour savoir qu'elle était en train de me mentir. Je lui ai dit « je sais que tu sais ce qu'il s'est passé ! Dis-moi ! S'est-elle fait écraser ? »

Elle me répondit « Non, non ». Mais… Mais quoi ? Vas-y dis-moi ? Elle me déclara « Maman l'a emmenée très loin de la maison ! » Comment ça très loin ? Elle ajouta « il parait qu'elle lui a coupé les moustaches et l'a emmené du côté de chez ses parents ! » Couper les moustaches ? C'est une blague ? « Elle l'a fait pour ne pas qu'elle puisse se repérer et revenir. » Et je lui ai dit « Et toi tu n'as rien fait pour l'en empêcher ? » Elle me précisa qu'elle n'était pas avec elle ce jour-là, c'est Martine qui me l'a dit. »

Là je n'ai pas pu m'empêcher de dire « Quelle salope ! » Je n'en revenais pas ! Elle avait fait ça pour m'embêter, car elle savait que j'adorais ma chatte. J'ai attendu qu'elle rentre et là ça n'a pas loupé, j'ai commencé à hurler, je lui ai dit « Qu'est-ce que tu as fait à ma chatte ? Tu veux toi aussi que je t'enlève tes capteurs ? Et que je t'envoie très loin au fin fond de la France sans repères ? »

J'ai vraiment pété les plombs. Au lieu de rester chez moi, je suis partie dehors et suis restée toute la nuit dehors en attendant que ce soit l'heure d'aller prendre mon bus ; je me suis dit il valait mieux que je parte pour éviter un drame.

Quelques heures plus tard, j'avais froid, je voulais rentrer chez moi, j'ai frappé, personne ne m'ouvrait, j'ai recommencé plusieurs fois, personne, elle me dit « Reste dehors, tu y es bien ! » « Je ne veux pas de toi ici ! » Je lui ai dit qu'elle n'avait pas le droit de me laisser dehors. Mais peu importe, j'ai continué à tambouriner à la porte jusqu'à tant qu'elle m'ouvre, *car les voisins commençaient à sortir sur le palier. Ils me disaient « Ce n'est pas fini ce vacarme ? » Je leur répondis » « Ben, il n'y aurait pas autant de vacarme si ma propre mère me laissait rentrer ! » Et là pas le choix pour elle que de me laisser rentrer. J'ai ruminé toute la nuit pour trouver un moyen de partir de chez moi définitivement. Ce n'était plus possible dans ces conditions.*

Et redéménagement pour un autre foyer, cette fois à Quetigny dans la grande banlieue dijonnaise. Elle sympathise avec Tchang, un résident qui travaillait dans un restaurant chinois et qui approvisionnait en nems ses compagnons d'infortune. C'est certainement avec lui qu'elle a découvert la délicatesse des nourritures asiatiques. Elle me parlait récemment d'une salade aux fleurs de bananiers dégustée dernièrement chez son ami Oscar à Paris ! Mais sa grande surprise fut de retrouver son psychiatre de cœur, Jean-Marc, qui officiait également sur place. Elle ne fit pourtant qu'une brève escale à Quétigny et fut transférée dans une autre unité à Dijon, un petit foyer pour les jeunes en attente de majorité. Elle se prit d'affection pour Paola, la dame de maison, une personne élégante qu'elle aimait aider à la cuisine et pour Betsy, sa nouvelle éducatrice. Cette dernière l'orienta vers une association de talents, spécialisée dans la confection de livres en braille. Puis elle fit un stage chez un ébéniste où elle découvrit la joie de travailler sur des meubles anciens et la nécessité de jouer «aux gros bras». Son patron était étonné de sa force physique malgré son petit gabarit et l'invita à dîner à la maison pour présenter à sa femme ce «petit phénomène». Mais une entorse au pied mit fin à cette période de calme. Son éducatrice Betsy lui avait alors trouvé un contrat CAE en service restauration. À vrai dire, faire la cuisine ne l'enchantait guère. Au départ, elle y allait par obligation, mais comme il y avait une petite rémunération à la clef! Cela l'aida à avoir confiance en elle. Il y avait une bonne ambiance dans l'équipe dirigée par deux cuisiniers, Jeanne et Thibaut. Elle adorait aider à préparer les assiettes, le service des clients était beaucoup plus compliqué pour elle, en raison de son naturel réservé. Le midi, une demie heure avant le service, l'équipe mangeait comme les clients, et c'était vraiment délicieux se souvient-elle. À la fin du service, vaisselle, rangement, nettoyage et pause-café cigarette. On pouvait encore fumer à cette période-là dans les lieux publics! Francesca garde de ces moments une nostalgie certaine.

Mais Francesca fut rapidement rattrapée par son passé, et ce de la façon la plus saugrenue qui soit. Betsy lui remit une convocation chez une gynécologue dans le cadre de la procédure judiciaire contre son oncle. Un examen quelques années après ! Elle ne voulait pas s'y rendre, mais, consulté, Jean-Marc lui conseilla d'y aller pour ne pas compliquer le cheminement absurde de la justice. Quant au médecin, elle dut se retenir de ne pas pouffer de rire.

Chapitre VI

Dr Jekill and Mr Hyde

Je suis allée déjeuner il y a quelques jours à l'excellent bistrot des Halles de Dijon. Francesca était en pleine forme, venant d'apprendre qu'elle aurait prochainement une nouvelle exposition à Meursault. Nous évoquâmes longuement nos années de danse classique, et son grand regret de n'avoir pu persévérer dans cette voie, « les choses de la vie » ayant pollué son assiduité.

Après cette séance gynécologique, Francesca replongea dans la déprime et recommença à se faire souffrir. J'ai toujours été surprise, en réfléchissant à cette période de sa vie, par l'attitude étrange de son Patrick. Elle l'aimait passionnément, c'est évident. Mais je le trouvais peu présent, peu attentionné, dissimulant le profil type d'un « profiteur de passage ». Je ne l'avais pas encore rencontré « en vrai », mais il me mettait mal à l'aise.
Son père lui trouva un nouveau travail dans une entreprise où elle se fit un nouveau copain, Martin. Un grand gars, très drôle, avec lequel elle allait boire des « moresk » en

chantant dans un bar de nuit, sans oublier de faire l'amour ! Patrick appréciait modérément cette relation, mais pour la citer : « il avait bien quelqu'un de son côté, alors je ne voyais pas où était le problème ! ». Après ce passage en entreprise, Francesca prit un petit boulot de femme de chambre dans un hôtel et Martin venait l'attendre pour passer la soirée avec elle.

Elle voyait souvent le Dr Jean-Marc qui visitait aussi ce foyer, ce qui n'alla pas sans créer de complications. Elle me dit :

Je demandais souvent à voir Jean-Marc et ce n'était pas au goût des éducateurs. Ils pensaient que j'avais une relation avec lui, alors que pas du tout, c'était une personne qui comptait énormément pour moi et nous n'avions jamais rien fait. Pour discuter, au début, on se mettait dans les bureaux des éducateurs. Mais c'était pénible, il y avait plein d'allers et venus, on ne pouvait jamais être tranquille. Alors Jean — Marc leur a dit « Écoutez, est-ce que c'est possible de ne pas être dérangé le temps de l'entretien ? »

Ça n'avait vraiment pas plu aux éducateurs. Par la suite, on avait décidé de discuter en dehors de l'enceinte. On allait boire un verre au bistrot en bas du foyer pour pouvoir parler tranquillement. J'adorais être en sa compagnie.

Les éducateurs avaient repéré notre petit manège et n'aimaient pas du tout ça. Quand je revenais de l'entretien, ils me disaient « Alors Francesca, ton rendez-vous s'est bien passé ? »

Je leur répondais, « Oui super ». Ils étaient vraiment persuadés qu'il existait entre nous un autre type de relation. C'est vrai que je m'étais énormément attachée à lui, je lui parlais de tout. C'était mon confident, je n'avais pas peur d'aborder certains sujets. Il était toujours à l'écoute pour moi. Je lui parlais de mes peurs, de mes angoisses, de mes amours. Il était ravi que je me sois trouvé un petit copain de mon âge.

Sa majorité approchante, les éducatrices lui proposèrent une protection de jeune majeure (jusqu'à l'âge de 21 ans), le temps qu'elle puisse se retourner. Elle accepta volontiers et se retrouva au « Foyer des Jeunes Travailleuses » de Dijon. Pour ses 18 ans, le psychiatre l'invita au restaurant et lui apprit qu'il allait partir pour un an à Tahiti. Et d'ajouter que si elle pouvait payer son billet d'avion, elle serait invitée. Joie et tristesse, car mon amie n'avait pas les fonds nécessaires et du se consoler avec de jolies cartes postales délivrées par les bons soins de la Poste.

***

Mademoiselle Mir, Directrice du foyer, était une vieille fille revêche. Les garçons n'avaient pas le droit de cité dans les chambres des pensionnaires du beau sexe, et la tenancière était particulièrement vigilante sur ce point ! Francesca hérita d'une chambre cellulaire, avant de retrouver heureusement un espace plus confortable. Martin venait souvent la voir, lui jurant un amour éternel et manifestant le désir d'avoir avec elle beaucoup d'enfants. Il lui glissait de temps à autre des petits poèmes naïfs qui lui arrachaient de douces larmes :

Phâme au regard d'argent, tu as mille visages
Et mille petits noms, pour t'appeler le soir.
Venue du fond des temps, tu ne connais ni l'âge,
Ni la peur de mourir, ni tous les désespoirs.

Tu passes, silencieuse, créature de rêve
Dans les cités détruites, sous les arches de pierre,
Les colonnes brisées. Et derrière toi se lèvent
Dans la nuit scintillante des boules de lumière.

Dis-moi Phâme adorée, quel est ton univers,
Ton nom et ta mission ? Je voudrais abolir
Ne serait-ce qu'en rêve ce mur de mystère,
Et retrouver chez toi le secret que jadis
Tu m'avais révélé ; c'était un doux soupir
Quelque chose d'éternel : je t'appelais ma mie...

Mais Patrick occupait beaucoup trop de place dans son cœur et elle dut mettre un terme à leur relation avant que Martin ne devienne trop possessif.

Francesca n'avait plus d'emploi et s'ennuyait ferme. Son éducatrice l'avait envoyée à cette époque à « Itinéraires Singuliers », un endroit où l'on pouvait s'exprimer sur de nombreuses activités (Théâtre, chant, modelage, art…), et Francesca avait choisi le modelage. Elle y allait une fois par semaine en compagnie d'autres personnes qui avaient elles aussi différents soucis d'ordre psychologique. Elle s'y sentait très bien, en sécurité, même si elle parlait très peu, voire pas du tout, sauf à la fin de l'exercice pour expliquer ce que les élèves avaient réalisé. C'est dans cette institution qu'elle a rencontré Pierre, un excellent formateur. Quelqu'un d'assez grand qui avait énormément de charme, c'était quelqu'un de très doux et qu'elle aimait beaucoup.

Elle trouva son salut dans un magasin de bricolage où elle acheta un sac de 10 kilos d'argile. Elle venait enfin de trouver son « truc », passant nuits et jours dans sa chambre devenue atelier, en compagnie de litres de café et de cartouches de cigarettes. Elle commença par sculpter des bas-reliefs, puis une femme allongée. Sa voisine, qu'elle surnommait bizarrement Rastabouc, s'inquiétait régulièrement de son sort. Mais elle était trop prise par ses créations pour perdre son temps en papotage. Elle annonça à son professeur de cœur, Adrien, qu'elle avait enfin trouvé sa voie. Il tomba sous le charme de ses modelages et l'invitait régulièrement à partager un morceau chez lui. Et il savait qu'elle adorait le saumon fumé ! Il la « pistonna » auprès d'un ami qui organisait une exposition au Parc de la Colombière, même si les inscriptions étaient closes. Il lui donna une place qui portait le numéro 69, d'où les plaisanteries salaces des copains que l'on peut aisément imaginer. Lors de la remise des prix, elle reçut non sans fierté « le coup de cœur du Président du Concours et de la Ville de Dijon. »

Patrick avait quitté son emploi de veilleur de nuit et pilotait maintenant des hélicoptères. Elle aimait le rejoindre à l'aéroclub, et ils décidèrent, un soir, d'aller pique-niquer sur la montagne de Beaune. Ce qui va suivre, retranscrit sans pudeur par Francesca, est difficilement digeste !

Nous avions bu je me souviens des whisky cola. Il me disait « vas-y bois cul sec qu'on profite un peu de la soirée. » Je ne voulais pas passer pour une conne et j'ai fait ce qu'il m'a dit. L'alcool m'est vite monté à la tête, en plus ce jour-là il faisait très chaud. Nous avions commencé les préliminaires. Il commença à m'introduire 1, 2, 3 doigts, puis il a essayé de mettre sa main entière dans mon sexe. Cela me faisait mal, je lui disais « Arrête j'ai trop mal ! » « Il me disait attends, tu vas voir, ça va te faire du bien ! » Je lui ai redemandé d'arrêter sans grand succès. Puis à un moment donné, il me dit : Francesca, tu as tes règles. Je lui réponds « ce n'est pas possible, je viens de les avoir ». Et là, je me suis relevée, j'ai vu du sang, puis un gros jet a jailli de mon vagin. J'ai perdu connaissance. J'étais en train de me vider. Il a eu peur aussi, car le sang ne s'arrêtait pas. Une fois mes esprits à peu près revenus, j'ai essayé de me mettre debout et c'était comme un gros robinet de sang qui coulait. C'était impressionnant, je n'arrêtais pas de me vider. Il me dit « qu'est-ce qu'on fait ? Je t'emmène à l'hôpital ? » Je lui répondis « non, je n'ai pas envie, et en plus ils vont me demander ce qu'il s'est passé. Qu'est-ce que je vais leur dire moi ? Je n'allais évidemment pas avouer que je sortais d'une partie de "fist fucking" qui avait mal tourné ! »

Du coup, on a décidé de partir de la montagne, il m'a emmené dans son 4x4, m'a assise. Je n'étais vraiment pas bien. J'ai perdu plusieurs fois connaissance et je sentais le sang qui n'arrêtait pas de couler. J'avais l'impression que j'étais assise dans un bain de sang.

On avait voulu prendre une chambre d'hôtel pour que je puisse m'allonger. Mais ça n'a pas été possible, car je n'ai pas pu sortir du véhicule. On a donc attendu que le jour se lève, que sa compagne parte au travail. Il m'a déshabillé pour enlever tous mes habits remplis de sang. Je me suis reposée pendant ce temps-là, puis avant que sa compagne ne rentre, nous sommes repartis et m'a reposé dans ma chambre au foyer des jeunes travailleuses.

J'étais pressée de rentrer chez moi, car je n'étais vraiment pas bien. J'avais vraiment trop mal au vagin, j'avais beaucoup de mal à marcher ; Patrick m'a dit qu'il n'avait jamais vu autant de sang. Il parait que quand il a lavé le siège de la voiture, il était complètement imbibé, de même que pour mon pantalon. Il pouvait même l'essorer à la main.

J'en ai beaucoup voulu à Patrick, car plusieurs fois je lui avais demandé de stopper.

Je suis rentrée dans ma chambre et je suis restée toute la fin de journée allongée j'avais trop mal. Le lendemain, j'ai décidé de me rendre aux urgences pour savoir ce qu'il s'était produit ; les médecins m'ont posé des questions, ils m'ont demandé si j'avais pris un coup ou si j'avais été forcée pour un rapport sexuel. J'avais trop honte. J'ai menti, je leur ai dit que je ne savais pas ce qu'il s'était passé, mais que j'avais perdu beaucoup de sang. Ils m'ont examiné et apparemment tout était rentré dans l'ordre.

Chapitre VII

Le Fantôme de Beaune

En relisant ces notes, je ne peux m'empêcher de reconnaître que ma libido était à cette époque beaucoup plus calme que celle de Francesca et que ses aventures sexuelles me faisaient beaucoup douter des hommes. Mais elle m'apprit au moins une chose, celle de me méfier de ma naïveté naturelle et de ne pas tomber dans l'ingénuité qui était l'un de ses traits dominants. Elle avait alors très envie d'ouvrir une nouvelle page et de s'installer avec son Patrick qui avait fini par rompre avec Ludivine, sa compagne. Mais il lui fallait dénoncer auprès du juge son statut de "protection jeunes majeures" et vaincre une multitude d'interrogations qui polluaient son esprit : qu'en diront les amis, il est bien plus âgé que moi, comment va réagir sa famille ? …
Mais elle franchit le pas avec la détermination que seule la passion peut procurer et emménagea dans une petite maison à Beaune, prêtée par des relations à Patrick moyennant l'engagement d'y faire quelques travaux. Et cerise sur le gâteau, la demeure possédait un

balcon et un petit terrain sur lequel on pouvait accueillir une belle tablée.

Et les copains de son amant ne tardèrent pas à arriver pour fêter l'événement. Mon amie se prêta volontiers au rôle de "soubrette" tout en étant surprise, voire choquée, que personne n'essaie de discuter avec elle. Seul le frère aîné de Patrick trouva grâce à ses yeux ; il est vrai que sa femme était beaucoup plus jeune que lui et qu'il comprenait la situation.

La maison avait un étage, et toutes les nuits, à la même heure, on entendait quelqu'un marcher dans la chambre du haut. Francesca était terrorisée et elle interrompit une fois les ronflements de Patrick pour lui faire constater les faits. Il refusa de monter voir ce qui se passait étant, lui aussi, mort de trouille. Elle ne visita qu'une fois ladite pièce, pleine de livres et de papiers, et qui, malgré la poussière, laissait le sentiment d'être toujours occupée, attendant le retour de son résident. Elle était fascinée par tous ces feuillets remplis de signes ésotériques et par ces grimoires de magie traînant dans la bibliothèque. Elle apprendra plus tard par le fils du propriétaire que l'arrière-grand-père était un homme violent et que de sombres rumeurs couraient sur son compte. Il aurait trucidé sa jeune dulcinée, surprise en flagrant délit d'adultère. La légende veut qu'il l'ait découpée en morceaux avant de l'incinérer.

Mais, pris de remords, il plongea dans les sciences occultes, tentant d'évoquer son esprit pour lui demander pardon. Je ne suis pas une grande experte en parapsychologie, mais je crois volontiers que certaines âmes restent enchaînées en ce bas monde en attendant une improbable délivrance. Pour la petite histoire, mais la digression est amusante, lors d'une de ses visites, Roselyne, la petite sœur de Francesca, alla dormir dans ladite chambre. Mais son sommeil fut de courte durée et elle s'enfuit pour rejoindre son aînée à cause des bruits inquiétants qui l'avaient réveillée.

La maison devint progressivement un open-bar et Francesca se réfugiait souvent au sous-sol qu'elle avait transformé en atelier. Elle évitait autant que possible les séances de picologie, puisque personne ne lui adressait la parole. Mais elle gardait le contact avec Adrien, au grand dam de Patrick qui devait en être secrètement jaloux.

Elle détestait sortir avec lui, car elle ne supportait plus de faire "tapisserie", mais dut accepter l'invitation du directeur du foyer où elle avait rencontré Patrick. Même si leur hôte était maintenant à la retraite, la rencontre se déroula sous le signe de la gêne. Il n'appréciait guère leur relation et avait le sentiment de s'être fait faire "un enfant dans le dos". Mais les cieux laissent parfois percer quelques rayons de soleil à qui sait persévérer et Francesca s'investit à fond dans la préparation d'une exposition qu'elle avait obtenue dans le magnifique Hôtel de Vögué à Dijon. La mairie lui mit gracieusement une pièce à disposition où elle passait ses journées malgré les rebuffades de Patrick. C'est à ce moment qu'elle se mit à boire en solitaire.

> *L'alcool éteint l'homme pour allumer la bête.*
> Albert Camus ; *Les carnets* I (1935-1942)

Le démon de l'alcool prit de plus en plus d'importance dans leur vie et, un soir, la femme d'un ami de Patrick qui avait fait escale à la maison, pour boire quelques verres, appela, terrorisée. Elle leur demanda de venir en urgence, car elle était morte de peur en raison de l'état de son mari. Francesca refusa de prendre la voiture, car ils étaient tous deux passablement éméchés. Ce qui déclencha chez Patrick une colère noire, la frappant violemment et la poussant dans les escaliers. Elle était dans un état déplorable et ne put faire que de monter dans le véhicule sous le coup des gifles. Il broya son téléphone en l'écrasant par terre, afin qu'elle ne puisse appeler la gendarmerie. La femme qui les attendait fut choquée par l'état de mon amie, et, à ses interrogations, Patrick répondit, *ce n'est rien, elle s'est cognée.* Jolie pourriture! Pour corser le tout, le mari de son copain se fracassa le crâne le lendemain en voiture, son alcoolémie ayant dû rester bloquée dans les cimes de l'ivresse. Francesca rentra, tétanisée, repoussant maladroitement les excuses pitoyables de son partenaire. Il fallait qu'elle se sauve. Elle appela son cher Adrien qui lui dit de partir immédiatement. Mais elle n'arriva pas à se décider et surprit beaucoup les électriciens de passage le lendemain par sa mine tuméfiée. Le coup du *j'ai dérapé cette nuit en allant aux toilettes* n'était pas très crédible. En visite impromptue, sa petite sœur Roselyne la passa à la question et elle avoua le méfait de Patrick. Elle lui intima l'ordre d'aller de ce pas porter plainte à la gendarmerie. L'ironie du sort voulut qu'à ce moment Patrick rentre des courses, penaud comme un cocker, avec un gros bouquet de fleurs. Il lui dit « tiens ma chérie c'est pour toi. » Et sa sœur lui a jeté un regard noir, en hurlant « tu es sacrément gonflé de lui offrir un bouquet de fleurs après ce que tu viens de lui faire! » Il lui a répondu « Ce n'est pas tes oignons, d'accord, et ça ne te regarde pas! » Il lui a retourné son regard haineux, éructant « Qu'est-ce que tu as raconté à ta sœur? »

Lorsqu'elle allait chez le médecin, elle était sous la haute surveillance de son tortionnaire qui n'hésitait pas à écouter à la porte du cabinet pour être certain que la visite n'avait pas d'autre but qu'un simple renouvellement d'ordonnance. Ce qui n'était pas le cas, Francesca absorbait des doses de plus en plus fortes de psychotropes pour rester debout.

Chapitre VIII

Big Apple

Écoute New York ! ô écoute ta voix mâle de cuivre, ta voix vibrante de hautbois, l'angoisse bouchée de tes larmes tomber en gros caillots de sang.
Écoute au loin battre ton cœur nocturne, rythme et sang du tam-tam, tam-tam sang et tam-tam.
A New York, Léopold Segar Senghor
Éthiopiques, 1956

Cette année-là, un des copains de Patrick, Willy, leur avait proposé de venir avec lui au Canada. Il était également pilote et devait valider son brevet dans ce pays. Tous frais payés, il est vrai que c'était un super cadeau. Francesca n'avait jamais pris l'avion, c'était la première fois !
Leur ami avait loué un hôtel à Sacacomie[3], au nord du Canada. L'hôtel était magnifique. Sur les murs étaient suspendues de grosses peaux d'ours, c'était fort impressionnant. Francesca aurait dû être heureuse de participer à un tel voyage, mais la compagnie de Patrick

---

3   Le lac Sacacomie est un plan d'eau douce situé dans la municipalité de Saint-Alexis-des-Monts, dans Maskinongé, sur la rive-nord du fleuve Saint-Laurent, au Québec.

lui pesait. En fait, elle était seule. Elle me raconte que, le soir de leur arrivée à l'hôtel, ils sont descendus au bar de l'hôtel prendre un verre, puis faire une partie de billard. Willy les a pris en photo en remarquant «Mais rapprochez-vous, on dirait que vous êtes de simples potes!» En fait, au moment de la photo, il s'était juste mis à côté de Francesca sans manifester aucun signe d'affection.

En fait, elle aimait bien quand leur copain était avec eux, il lui apportait comme une sécurité. Le lendemain, ils sont partis survoler le Canada en hélicoptère, c'était magique. Willy devait ensuite reprendre l'avion, mais leur laissa les clefs de son appartement pour profiter plus longtemps de leur séjour. Un appartement très confortable, un véritable nid douillet.

Après une nuit de repos, ils décidèrent de partir visiter New York, à environ cinq heures de voiture. Un trajet pénible, durant lequel Patrick ne cessait de dire à sa compagne «tu as vu ceci, tu as vu cela, prends des photos…». Et pour être sûr qu'elle ait bien compris, il la bombardait de questions, style grand oral à l'ENA.

Bref Francesca garda son calme et ils débarquèrent dans un des magnifiques hôtels de Big Apple où une chambre les attendait. Mon amie précise : *Il ne s'est rien passé dans cette chambre, nous n'avons même pas fait l'amour.*

Je me souviens d'avoir bu l'apéro avec lui, puis il a dormi. Le lendemain matin, on a fait monter le petit déjeuner en chambre. Je n'avais jamais vu un petit déjeuner aussi garni. Ce sera ensuite le programme touristique classique, statue de la Liberté, Empire State Building, Ground Zero et son immense trou.

Francesca avait un pantalon qui ne lui plaisait pas. Il le lui faisait remarquer bruyamment «Regarde comme tu es boudinée dans ce pantalon!» *Alors nous sommes allés acheter un jean, et c'est lui qui l'a choisi. Moi je ne l'aimais pas du tout, mais pour éviter les complications, je me suis tu. Nous avons déjeuné dans un restaurant New-Yorkais et je me souviendrai longtemps de ce repas. La majorité là-bas était à 21 ans et je devais avoir 18/19 ans. La serveuse nous demande ce que l'on veut boire et on lui répond un apéro. La serveuse me regarde et me dit : « How old are you ? Have you got your passport? » Bien évidemment, je lui ai répondu « No I haven't got my passport ! » Alors elle m'a dit « Just Coca Cola ! »*

Il était temps de rentrer, et j'étais très contente que ce voyage pénible se termine ; mais je me suis dit que j'y retournerai un jour avec quelqu'un qui m'aime vraiment ou un super ami avec qui je puisse en profiter.

***

Sa demande ayant été acceptée par le Conseil Général de Bourgogne, mon amie put enfin exposer durant un mois ses sculptures dans une salle magnifique. Les organisateurs étaient tombés sous le charme de ses créations et programmèrent un merveilleux vernissage. J'ai retrouvé mon amie sur place, qui rayonnait comme un bébé soleil parmi une petite foule sympathique. Patrick n'avait pas voulu rester, mais elle retrouva Adrien, son père et sa compagne, plusieurs de ses éducatrices et infirmières, dont Gena chère à son cœur. Son passage « surprise » lui arracha du reste une petite larme d'émotion. Riche d'une multitude de nouveaux contacts, elle repartit avec Patrick venu la rechercher. Elle eut évidemment droit sur le chemin du retour à maints quolibets moqueurs.

Mais, trop malade, elle ne put se rendre au mariage de Paule, sa sœur aînée. Elle avait peur de tout et tremblait en permanence comme une feuille.

Et les coups de redoubler, réinitialisant un processus que l'on connaît hélas parfaitement bien : menace d'appeler les gendarmes, fermeture à clef des portes, fenêtre défoncée et fuite chez Adrien. Retour à la maison suite aux supplices de Patrick et nouvelle échappée chez Adrien à qui elle demande provisoirement asile. Une petite parenthèse dans un logement au quatrième étage sans ascenseur, tenant tant bien que mal le coup grâce à des doses bien tassées de neuroleptiques. Elle s'occupait du ménage et les deux amis passaient de bonnes soirées à discuter et à écouter de la musique. Mais ce cher Adrien était aussi un accidenté de la vie, comme elle le découvrit rapidement. Il fumait comme un pompier, descendait une demi-bouteille de whisky tous les soirs, ne relevait plus son courrier. Bref, il amorçait également une belle plongée aux enfers dont le point d'orgue fut d'impressionnantes crises de saignements de nez. Il ne voulait pas se soigner, et Francesca comprit qu'elle ne pouvait rester avec lui, d'autant qu'il en voulait évidemment plus et qu'elle ne cessait de le repousser.

On a coutume de se plaindre de l'administration et de dénoncer son inefficacité. Mais là, Francesca fit très fort. Elle écrivit au Président de Région pour demander une aide du Conseil Régional. Elle obtint dans le cadre du programme « logement d'urgence » une chambre correcte et en prime un local pour ses sculptures. Mais elle se sentait terriblement seule, sortant beaucoup et buvant trop. Elle se mit « à la colle » pendant un mois avec un patron de bar qui devint très vite trop envahissant.

Il faut se suicider jeune quand on veut profiter de la mort.
Pierre Dac ; Les pensées (1972)

Elle en avait marre de tout, n'arrivant pas à contacter Jean-Marc (on se rappelle que Patrick avait écrasé son portable), et voulant mettre fin à ses jours : tout son passé remontait à gros bouillons. Elle finit par lancer un SOS à sa sœur Paule, qui était alors éducatrice spécialisée dans un autre foyer. Cette dernière lui fit envoyer une ambulance qui l'attendait avec la gendarmerie. Malgré ses protestations, elle fut placée en hôpital psychiatrique sur « demande de la famille sans consentement de l'intéressée ». Elle en voulut amèrement à son aînée qui, bien entendu, avait trouvé nécessaire de mettre Martine dans la boucle. Elle était cette fois en quasi-prison.

Patrick prit de ses nouvelles et lui annonça qu'il venait de louer une nouvelle maison, toujours à Beaune, dans laquelle n'y avait plus de fantômes et qu'elle pourrait y reprendre la sculpture. Au bout d'un mois de détention, il demanda la mainlevée, au grand dam de la famille. Et miracle, le calme revint dans le couple, même si Francesca absorbait toujours de fortes doses de pilules colorées qui ne calmaient guère sa tremblote permanente.

***

Elle devait avoir une vingtaine d'années lorsqu'elle fut convoquée au Tribunal pour le crime de son oncle. Elle prit un avocat grâce à l'aide juridictionnelle et se rendit à l'audience dans un état de stress indescriptible, d'autant qu'elle était enceinte de 3 mois et demi. Patrick, qui l'accompagnait, l'invita à déjeuner au restaurant, et malgré un estomac noué, elle dégusta avec plaisir un excellent poulet aux morilles! Patrick la laissa devant la porte du Tribunal, sa nature de mufle reprenant le dessus. L'avocate l'informa que la séance qui devait avoir lieu à huis clos serait finalement publique. Et de retrouver dans la salle son oncle et sa tante, mais aussi sa mère. Elle ne put s'empêcher de la traiter de «grosse pourriture». Après avoir tenté d'esquiver, et grâce à la production des SMS que Francesca avait conservés, le pédophile finit par reconnaître les faits. Il fut condamné à 5 années de suivi psychologique et à 5000 € d'amende, avec interdiction de revoir sa proie. Il ne put s'empêcher de lui crier en quittant les lieux : «tu as vu ce que tu m'as fait, Francesca?». Malgré la légèreté de la peine, mon amie ne souhaita pas se pourvoir en appel, pressée de tourner la page.

Chapitre IX

À la mémoire d'un ange

Son âme et son corps étaient maintenant mobilisés par l'arrivée prochaine de son premier bébé. Les examens gynécologiques suscitèrent maintes inquiétudes chez les hommes en blanc qui finirent par la transférer aux urgences. Le col de l'utérus était trop ouvert, et il fallait la cercler rapidement au risque de perdre le petit garçon qui se profilait. Mais elle souffrait martyr et perdait beaucoup de sang, d'où la nécessité de provoquer l'accouchement par péridurale. Il était hélas trop tard. Elle raconte elle-même l'envol de son petit ange :

Le gynécologue me dit « les infirmières vont passer vous voir pour vous demander si vous voulez voir le bébé ». Moi, ma réponse était catégorique. Elle était « Non ». Patrick lui voulait le voir. Les infirmières m'ont dit que c'était mieux pour faire le deuil.

Je n'avais pas envie.

Les infirmières nous ont dit « je vous laisse réfléchir et quand vous serez prête, appelez-moi ».

J'ai réfléchi je me suis dit qu'elle avait peut-être raison et j'ai accepté qu'elle apporte le bébé. Elle l'avait emmené dans un berceau avec un petit linge

blanc dessus. *Quand elle a enlevé le drap, ce fut un choc énorme, nous avons éclaté en sanglots.*
Il était trop beau, il avait une magnifique petite tête. Les doigts n'étaient pas encore très bien formés pas plus que son corps, mais sa tête était vraiment superbe.
Elle nous a demandé ce que l'on souhaitait. Il existait un coin pour les bébés au cimetière de Quetigny mais on pouvait aussi laisser son corps à la science. Ce fut notre choix. Elle nous a demandé également si l'on voulait une photo du bébé. J'ai cru à une bien mauvaise plaisanterie.
Le gynécologue a signé ma sortie et nous sommes rentrés à la maison.

> *La culpabilité, c'est le rapport de l'acte à la conscience. Le juge connaît le premier terme du rapport, Dieu seul connaît le second.*
> Henri Boucher ; *Les pensées, maximes et réflexions* (1866)

Francesca partit brisée par l'épreuve et, alors que nous prenions un pot le soir à Dijon, elle ne cessa de remuer son sentiment de culpabilité : «c'est ma faute, je fumais trop, je buvais trop, j'avalais trop de pilules...» Nous nous quittâmes alors qu'elle venait de prendre la résolution de renouer avec une vie saine, tout en sachant pertinemment qu'elle allait retrouver la galère. Son partenaire en avait assez d'être envahi par son «Art» et lui conseilla de se trouver un autre copain, plus en rapport avec son âge. Remarque cruelle et d'autant plus ironique qu'il n'avait guère apprécié sa relation passée avec le jeune Martin au foyer de Dijon. Il lui fallait prendre un nouveau départ, trouver un vrai métier et revenir aux fondamentaux qu'elle avait cru entr'apercevoir : faire le même travail que Loïc., son capitaine de police, et se mettre au service des autres.

Elle se lança dans l'aventure avec une grande volonté, même si elle devait commencer au bas de l'échelle, n'ayant qu'un BEPC en poche. Il lui fallait passer le concours d'adjoint de sécurité (ADS) et elle investit ses maigres économies dans l'acquisition de manuels préparatoires. Elle rendit visite à son ami capitaine qui l'encouragea chaleureusement, lui demandant de le tenir au courant. Elle informa également le Directeur du foyer de Chagny qui se mit à sa disposition pour l'aider à rédiger les courriers administratifs en tant que de besoin. Les épreuves, essentiellement des tests psychotechniques, se déroulèrent pour le mieux. Le surveillant leur précisa, à la fin de l'épreuve, qu'en cas de réussite, une enquête de moralité serait effectuée avant d'être admis à passer les oraux. Une boule de feu éclata au plus profond d'elle-même :

Imagine que je ne sois pas reçue à cause de mon

passé,
Imagine qu'ils apprennent l'affaire avec mon oncle,
Imagine qu'ils sachent que j'étais dans un foyer,
Imagine, imagine,....

Elle en parla à sa sœur confidente et au Directeur du foyer ; elle n'avait jamais fait que de petites bêtises, et de toute façon, les incartades sont habituellement effacées du casier judiciaire à la majorité. Mais le couperet tomba en ces termes : *Malgré vos excellents résultats à l'écrit, vous ne pouvez passer la suite du concours, car il est mentionné que vous avez commis un outrage à la personne dans l'exercice de ses fonctions.* Incompréhension totale de Francesca et de son entourage. Le Directeur retrouva dans son dossier qu'une éducatrice avait porté plainte contre elle pour l'avoir insultée. Sous le coup d'une rage froide, elle se paya le culot d'écrire au Président de la République qui était alors Nicolas Sarkozy. Sa détermination dut faire mouche, car dans le mois qui suivit, elle reçut une lettre très cordiale de son cabinet, l'encourageant dans sa démarche pour rejoindre le Ministère de l'Intérieur et l'incitant à contacter le Procureur de la République. Son casier fut alors « nettoyé » par l'Administration. Elle repassa les écrits, fut reçue et convoquée à passer les épreuves orales dans un centre à Vannes.
Malgré une émotion légitime devant un

jury de 8 personnes, mon amie fit une prestation brillante, à la fois incollable sur les questions techniques et convaincante sur ses motivations profondes. La conclusion du Commandant de Police à l'issue de l'entretien se passe de commentaire :

« Mademoiselle, je n'ai jamais vu encore une seule personne avec cette rage d'y arriver, je ne sais que vous dire, excepté que je vous tire mon chapeau », je n'en revenais vraiment pas j'ai failli avoir une petite larme, mais je me suis retenue. Je me suis levée et il m'a dit « Surtout surveillez bien votre boîte aux lettres, ça serait dommage de rater le courrier ». Il m'a souri et j'ai quitté la pièce, je l'ai vraiment remercié de ce qu'il venait de me dire.

Patrick, qui l'attendait, eut un petit rictus de jalousie à l'annonce de cette bonne nouvelle qui fut rapidement confirmée par courrier. Restait à attendre la date d'incorporation à l'École de Police. En attendant, les deux compagnons partirent en vacances dans un camping-car prêté par le frère de Patrick. Saint-Malo, Belle-Île, Quiberon, Francesca baignait dans la félicité que cette belle région sait offrir aux amoureux de paysages marins et d'air vivifiant. Le coucher de soleil sur l'île de Berder était une pure merveille et les coquillages ramassés par brassées entières aiguisaient son appétit.

> *Les fées, chassées de Brocéliande,*
> *Versèrent, selon la légende,*
> *Des larmes si près de l'océan,*
> *Qu'elles creusèrent, avec passion,*
> *La fierté du pays breton*
> *Qu'est le golfe du Morbihan.*
> (Anonyme)

Chapitre X

Tu seras heureuse en 2019

Francesca flasha sur le Sofitel Thalassa de Quiberon et se mit en tête d'y trouver un emploi, d'autant que Patrick ne cessait de lui rabâcher qu'il fallait qu'elle continue sa vie sans lui. La gouvernante de l'hôtel toussa un peu en raison de son inexpérience, mais, face à la détermination de Francesca, accepta de la prendre à l'essai. Et elle n'eût pas à le regretter, ne cessant par la suite de la citer en exemple devant les autres femmes de chambre. Mon amie était tout simplement heureuse et adorait se promener, le soir, au bord de la mer. Mais notre Bourguignonne ignorait tout des marées et faillit un jour se faire piéger par le reflux montant. Rires et inquiétudes parmi les collègues.

Elle découvrit aussi, avec une de ses comparses, l'enfer cliquetant du Casino. Un charmant jeune homme leur paya un verre et leur offrit un panier de jetons. La machine avala sans vergogne les piécettes et elles rentrèrent à l'hôtel les poches vides, mais avec le sentiment d'avoir passé une superbe soirée.

Son contrat saisonnier arriva à son terme, et elle dut se réfugier dans un foyer de jeunes travailleurs, hors de prix. Elle passa Noël toute seule, broyant du noir dans sa petite chambre. Patrick était depuis longtemps reparti.

Il lui fallait retrouver un emploi et accepta un petit boulot dans un hôtel à Vannes. C'est alors que la Police finit par se réveiller, au bout de deux années et demie. L'école de Vannes venait de fermer et elle fut affectée à Fos-sur-Mer. Elle quitta cette région qu'elle avait adoptée, sans pour autant abandonner son appartement dans la cité fortifiée.

***

Je suis chez mon cher Papy en Allemagne, et pendant que Francesca essaie de percer les Arcanes de la Police, je noircis des tonnes de papier (sur ordinateur !) J'ai en effet choisi de faire un doctorat de littératures comparées (franco-allemandes) et pris comme sujet de thèse « Le Prague des écrivains maudits : Kafka et Meyrink ». Deux de mes auteurs préférés. Nous continuons à échanger avec Francesca un abondant courrier. J'aimerais qu'elle puisse venir en Allemagne à ses prochaines vacances pour lui faire découvrir les paysages somptueux de Bavière, mais je sais tout au fond de moi que son chemin de croix n'est pas encore terminé.

Fos est d'un tout autre décor. Étouffée par les mégalopoles d'Aix et de Marseille, la ville vit au rythme des pollutions de méthane et d'hydrocarbures. Mais Francesca s'installa avec plaisir dans les bâtiments de l'école de Police où elle avait une petite chambre. Elle fit le tour des lieux avec le Chef Muller, responsable des matières juridiques, et le Chef Fahrid, en charge de tout ce qui était physique. Visite médicale, séance d'habillement et en route pour la formation. Première séance de tir avec appréhension et première mise en boîte : mon amie était incapable de fermer l'un des deux yeux! Son instructeur la menaça avec humour de lui donner un bandeau de pirate. Elle aimait beaucoup le self-défense, les cours de droit et les nuits de garde, mais pour ce qui est des exercices de simulation, *j'étais carrément coincée du cul...* C'est à partir de ce moment qu'elle se mit à douter d'elle, son passé douloureux remontant violemment à la surface.

Les fêtes de Noël approchaient et Patrick avait emprunté un chalet aux Rousses pour la revoir. Lorsqu'elle me parla de ces retrouvailles, je n'ai pas pu m'empêcher de penser à l'affaire de Natascha Kampusch[4] qui

---

4   L'**affaire Natascha Kampusch** est une affaire criminelle. Les faits sont l'enlèvement d'une petite fille autrichienne, Natascha Kampusch, par Wolfgang

venait de défrayer l'actualité. Francesca était, d'une certaine façon, victime du syndrome de Stockholm : «je t'aime, moi non plus». Et les vacances tournèrent vite au drame. Patrick supporta difficilement la capitulation de sa compagne à l'École de Police, lui rejetant tout son passé à la figure pour conclure élégamment qu'elle était «une grosse salope». Hors d'elle, elle se saisit du couteau de cuisine qu'elle lui lança, occasionnant une égratignure.

La trêve des confiseurs passée, elle eut un long entretien avec le Chef Muller et ils convinrent ensemble qu'elle n'était pas faite pour ce métier. Un échec, certes, mais elle avait eu au moins le courage d'essayer. Elle quitta l'École avec l'amitié de ses condisciples qui lui avaient organisé une petite fête. De retour provisoire en Côte-d'Or, elle alla voir son capitaine de Police qui la rassura et la conforta dans sa décision.

Retour en Bretagne où elle va trouver un petit job à Carnac. L'occasion de découvrir les cercles mégalithiques et ces pierres levées qui semblent indiquer quelque chose de caché

Přiklopil, technicien en télécommunications. Elle est séquestrée plus de huit ans, du 2 mars 1998 au 23 août 2006, jour où elle s'est échappée. La jeune fille, via un message lu par ses médecins, a déclaré : « Il faisait partie de ma vie, c'est pourquoi d'une certaine manière je porte son deuil ».

dans l'infinité des cieux. Cette présence, quasi palpable, de civilisations antédiluviennes, la faisait frémir de curiosité.

Elle avait à entretenir des mobilhomes et fit une saison chez Pierre et Vacances où elle disposait d'un vaste appartement. Elle avait deux sympathiques gouvernantes, Catherine et Véronique, avec lesquelles elle est toujours restée en excellentes relations. Catherine devint rapidement sa confidente et l'incita à quitter rapidement ce compagnon pervers. Elle lui donnait des légumes, la laissait promener son chien et l'autorisa même à faire une sculpture dans sa chambre… Francesca l'adorait au point lui demander si elle ne voulait pas l'adopter ! Patrick ne cessait de la relancer, et un jour il tomba au téléphone sur Catherine qui l'envoya paître. En sus de son travail, mon amie prit un petit boulot de femme de ménage chez une dame qui pratiquait le tarot. On sait qu'elle est attirée depuis longtemps par cette technique de divination, mais elle n'avait pas les moyens de s'offrir une consultation. Aussi demanda-t-elle à son employeuse de lui tirer les cartes en contrepartie d'heures de ménage. Elle me raconte :

Elle ne savait absolument rien de moi, je ne lui ai jamais parlé de quoi que ce soit de ma vie ; et là je n'en revenais vraiment pas. Elle me disait vous ne serez heureuse qu'à partir de 2019.

Vous allez déménager ; attention c'est un homme violent avec qui vous êtes en ce moment.

Vous allez rencontrer une personne, mais ce ne sera pas la bonne, il faudra encore patienter quelque temps… J'écoutais tout ce qu'elle me disait, mais il est vrai que je prenais également mes distances, car pour moi, il n'y avait aucun déménagement de prévu…

Je suis partie du rendez-vous, j'y ai pas mal pensé et je me disais : moi heureuse ? Pas avant 2019 ? Cela me paraissait très loin…

La saison terminée, Patrick la presse de rentrer en Côte-d'Or, l'assurant qu'une nouvelle vie allait commencer. Catherine et Véronique étaient très réservées. Les violences faites aux femmes sont un sujet vieux comme le monde, hélas, mais à chaque fois on retrouve les mêmes fondamentaux. Elles sont souvent prêtes, par amour, à retenter le diable et à risquer à nouveau leur vie. L'actualité nous en donne l'exemple pratiquement chaque semaine.

Francesca rentra au pays !

Chapitre XI

Sois moche et tais-toi !

La machine est huilée, elle tourne, elle tourne,
La machine est huilée.
Mécanique superbe au ronron régulier
La machine est rodée.
Spleen, déprime et blues, alcool et cigarettes,
La machine nous aime.
L'enfer commence ici, au plus profond de toi,
La machine t'appelle.
Stress et anti-stress, drogues multicolores,
La machine consomme
Et réclame son dû. Soif inextinguible !
La machine ingurgite,
Brûle et revendique chaque jour un peu plus.
Le moteur est caché et les portes fermées.
La machine est discrète.
Elle se nourrit de toi et tu ne veux la voir.
La machine étincelle.

Philippe Marlin
Bruxelles, *Après-Midi*

Mon amie, à peine rentrée, se précipita pour faire une visite surprise à son cher Adrien. Il était ravi de la revoir, mais elle tomba des nues à la vue d'un spectacle de désolation : l'appartement était dans un état lamentable, il n'y avait plus de canapé, les murs étaient moisis. Quant au pauvre professeur, il était physiquement délabré, avec des dents incroyablement noires. Francesca avait trop mal au cœur ; elle lui proposa de faire le ménage, de demander une assistance médicale. Mais il assura que tout allait bien. Elle comprit qu'il était inutile d'insister et partit rapidement le moral en berne.

En développant l'histoire de Francesca, j'ai l'impression d'être devenue prisonnière d'une étrange mécanique cyclique, je boucle, reboucle et reviens chaque fois au point de départ. Cela me rappelle mon année de philo au Lycée, lorsque nous étudions le métaphysicien Jean-Charles Pichon[5] et sa théorie des cycles. Mais chez l'écrivain, tout comme dans la théorie hindoue, la machine redémarre à chaque fois à « un cran supérieur », alors que chez mon amie, tout est toujours à recommencer à zéro.

Elle va donc suivre Patrick en Corse, où il avait trouvé un emploi de technicien de maintenance dans un hôtel avec logement de fonction. Elle mit à profit son temps

---

5   Jean-Charles Pichon, né le 14 août 1920 au Croisic et mort le 21 juin 2006 à Limoges est écrivain, dramaturge, poète, scénariste, philosophe, et mathématicien. Auteur prolifique, son œuvre marquée par l'ésotérisme connut le succès au cours des années 1960 et 1970.

libre pour terminer de passer son permis de conduire et, grâce à l'acquisition d'une voiture en leasing, découvrit une nouvelle forme de liberté : celle d'aller où elle voulait. Elle se décida aussi de jouer la parfaite petite femme d'intérieur, préparant de bons petits plats à la maison pour le retour de son compagnon. Mais il y avait toujours quelque chose qui n'allait pas : soit il manquait quelque chose à la préparation, soit, pire, il ne rentrait pas pour dîner. Alors, une fois, deux fois, trois fois… Bien qu'ayant trouvé un job dans un petit hôtel — peu sympathique ! —, elle capitula et appela ses deux amies en Bretagne.

Son départ ne perturba pas outre mesure Patrick ; quant à Francesca, elle était heureuse de retrouver ses deux gouvernantes et le petit appartement qu'elle avait conservé. Mais son bel enthousiasme fut vite gâché par une vilaine entorse qui traîna en longueur et transforma son pied en pied de cochon ! Elle subit les examens nécessaires qui aboutirent à la conclusion suivante : elle souffrait d'une belle algodystrophie[6]. Il n'y avait pas grand-

____

6   L'algodystrophie, appelée aussi Syndrome Douloureux Régional Complexe (SDRC), est caractérisée par une douleur continue d'une région du corps, à l'extrémité d'un membre le plus souvent. Celle-ci peut être spontanée et/ou provoquée. Elle apparaît en général disproportionnée en durée et/ou en intensité par rapport à l'évolution habituelle du

chose à faire, si ce n'est de la kiné et d'utiliser des béquilles. Une petite plaisanterie qui dura près de 6 mois, rendue supportable grâce à l'assistance de Catherine qui brisait régulièrement sa solitude.

***

Elle rentra en Corse. Patrick avait emménagé dans une nouvelle maison contre travaux et organisa avec des amis locaux une soirée dansante. Francesca, qui n'avait pas dansé depuis des éons, s'éclata malgré les regards noirs de son comparse. Est-il utile de raconter la suite ?

La soirée terminée, je lui ai dit « Ben pourquoi fais-tu la gueule, qu'est-ce qu'il ne va pas ? »

Il me répondit « Tu te fous de moi, tu as vu la grosse salope que tu étais ? À danser avec ce gars ? Comme tu le regardais ? » Je rétorquai « Ben quoi il est où le mal ? j'ai bien le droit de danser, non ? » Je ne comprenais pas sa réaction, il n'avait pas voulu danser avec moi, on m'invite à danser et je suis une grosse salope ! » Bref de toutes façons, je commençais à être habituée à ses réflexions. Tout ce que je faisais était mal et tous mes amis étaient des gens mauvais »

Alors que faire ! ...

---

traumatisme responsable, par exemple. La douleur ne correspond pas à un territoire neurologique circonscrit ; c'est pourquoi elle intrigue beaucoup les médecins.

J'ai laissé la tempête passer, je n'avais plus envie de m'énerver.

Quelques mois plus tard, Francesca tomba à nouveau enceinte. Compte tenu de ses antécédents, le gynécologue redoutait de devoir poser un cerclage. Il y avait des cours de préparation à l'accouchement à l'hôpital, mais Patrick lui déconseilla d'y participer, parce que «c'était de la connerie»! Elle arrêta de prendre tout produit nocif, sauf ses médicaments dont elle réduisit drastiquement la dose. Et en fait tout se passa pour le mieux et la petite Charlène débarqua sur l'île de Beauté en pleine forme. Notre amie renonça à allaiter le bébé, car cela la faisait souffrir et lui formait des crevasses sur les seins.

Lors du retour à la maison, Patrick la planta de façon très galante, car il devait aller «réparer un truc dans une boîte de nuit». La nuit fut longue et triste et son compagnon rentra au petit matin, puant l'alcool. Il avait besoin de cuver et envoya paître femme et enfant pour avoir la paix. C'est ainsi que se déroulèrent les premières semaines, Patrick ronflant la journée pendant que Francesca promenait Charlène au-dehors pour ne pas le déranger.

Retour en Bourgogne avec une installation provisoire chez les parents de Patrick. Espace réduit, nuits sur un clic-clac, enfant qui pleure. Une nouvelle maison sera trouvée à la campagne et Francesca brûlait de reprendre une activité. Mais il n'en était pas question, la femme doit s'occuper de son enfant. Elle arracha quand même à son geôlier l'autorisation de reprendre ses sculptures.

> *Quand tu aimes quelqu'un, tu le prends en entier, avec toutes ses attaches, toutes ses obligations. Tu prends son histoire, son passé et son présent. Tu prends tout ou rien du tout.*
> R.J. Ellory, *Francesca*

Francesca me parla longuement de cette année qui fut pour elle très importante sur le plan psychologique.

En fait, ce qu'il faut savoir, c'est que mon compagnon détestait les femmes qui s'habillent trop sexy, qui se maquillent, mettent du vernis… Enfin qui sont tout simplement femme !

À chaque fois il disait « regarde-moi ça cette salope comme elle est habillée ou maquillée ». Du coup, pendant toute ma relation avec lui, je n'ai jamais été une femme ; je n'osais même pas me maquiller de peur d'avoir moi aussi cette réflexion. Je n'étais pas moi-même avec lui, j'étais un zombie sur pattes. Mais cette année là, je ne sais pas ce qui s'est passé dans ma tête, ce type me dégoûtait clairement, j'avais comme une sorte de haine envers lui, je ne sais pas comment décrire ce que je ressentais… Et je m'étais dit « Francesca, regarde-toi, tu as été une dizaine d'années malade pour un mec pourri, tu n'as pas vécu ton adolescence comme il se devait d'être, tu n'as jamais été une femme pour un homme qui considérait une vraie femme comme autre chose qu'une salope… »

J'ai pris conscience qu'il fallait dire stop à tout ça. Je n'avais pas envie de me séparer de lui, mais j'avais envie d'être une femme et d'arrêter surtout mes médicaments. Quand j'ai pris conscience que c'était à cause de lui que j'étais sous psychotropes, cela m'a fait vomir. J'ai tout arrêté. J'avoue que ça a été très dur, car quand on arrête ce genre de produit, il se crée un manque, mais j'y suis arrivée. Je ne suis pas sortie pendant plusieurs jours, car je tremblais comme une feuille.

Les semaines passèrent et je n'étais plus la même personne. En fait, tout paraissait plus clair dans ma tête. J'ai repris goût à refaire des choses manuelles. Ce n'était évidemment pas au goût de Patrick, même s'il avait accepté que je reprenne mes sculptures, mais je n'en avais rien à faire. En quelque sorte, je lui disais un gros « Merde ». C'est cette année que j'ai réalisé mon jeu de dames tricoté en laine et mon grand bonhomme vert en grillage et coton à tricoter. J'avais également refait des sculptures en terre, j'étais contente d'avoir retrouvé ma drogue (douce !).

Mes journées passaient trop rapidement à présent et je n'attachais plus aucune importance à cet individu.

Je commençais seulement à vivre un peu pour moi. Tu vas trouver ça étrange, mais, normalement, quand on est un couple, on va faire les magasins et on dit « Tiens j'aimerais bien m'acheter tel ou tel vêtement. » Pas avec lui. Quand je voulais m'acheter quelque chose, il fallait qu'il vienne avec moi et souvent il me disait « C'est trop cher ou tu n'en as pas besoin ou c'est moche, ça ne te va pas… » Alors, il m'arrivait d'acheter en cachette. Et quand il me faisait remarquer « Tiens c'est nouveau ça ? », je lui répondais « Ah non, je l'ai depuis longtemps ou c'est ma sœur qui me l'a offert ou encore une copine. »

Chapitre XII

L'Apocalypse, c'est aujourd'hui

*J'ai une grande affection pour les personnes
Qui hurlent en silence, dont le sourire, quasi parfait,
Cache une cicatrice brûlante.
J'admire ces gens-là, parce qu'ils ont, sans le savoir,
l'intelligence de ne pas transmettre à l'autre
La démence de chacun, parce qu'ils ont l'élégance de la
garder pour soi.*
Anonyme, 2021

La vie était désormais faite d'une succession de petites humiliations. Patrick ne voulait jamais recevoir à la maison (*avait-il honte de moi ?*), ne s'occupait pas de Charlène si ce n'est pour lui passer son smartphone sur lequel il avait enregistré des comptines. Un jour, dans la salle du petit déjeuner d'un hôtel où ils s'étaient arrêtés, Francesca eut droit à la remarque suivante : «Tiens, je mange en premier et prendrai Charlène dès que j'aurai terminé!». Excellente technique pour couper l'appétit. Il l'aidait pourtant parfois à confectionner une armature pour ses sculptures, mais chaque fois en bougonnant.

> *Les poètes meurent, car ils s'aperçoivent*
> *Que trop mesquins sont les mots pour exprimer*
> *Tout ce que recèle leur cerveau.*
> *Rime et rythme ne sont présents que pour habiller*
> *La toute-magnificence de leur nudité.*

> *Les poètes meurent, car leur amour*
> *Devient trop grand pour que puisse l'endiguer la vie ;*
> *Seule la mort a pouvoir de planer*
> *Au-dessus des limites qui les encerclent.*

> *Les poètes meurent, car — mais pourquoi*
> *Les êtres divins seraient-ils percés à jour ?*
> *Laissons le secret à son juste sommeil !*
> *Cela suffit : les poètes meurent.*

A. Crowley (*The Equinox*, Vol. 1, n° 9, Londres 1913),
trad. P. Pissier 1995.

Elle voulut aller présenter Charlène à son cher Adrien. Mais il ne répondait jamais à ses coups de sonnette. Quant au téléphone fixe, il déversait le message bien connu, *le numéro que vous avez demandé n'est pas attribué.* Elle ne s'inquiéta pas outre mesure, car il lui avait dit qu'il souhaitait prendre sa retraite en Irlande. Mais un départ sans chercher à lui dire au revoir n'était pas tout à fait normal.

Ça me trottait tellement dans la tête que j'ai regardé dans les avis de décès. Et là ce fut un gros choc, j'ai été trop triste d'apprendre qu'il était parti peu de temps après les fêtes ; j'étais trop triste de ne pas avoir pu le serrer dans mes bras une dernière fois et de lui redire « Merci »

Trop triste de ne pas lui montrer qui j'étais devenue,
Trop triste de ne pas avoir pu lui présenter Charlène,
Trop triste de savoir que je ne le reverrai plus jamais…
Je me souviens qu'il écrivait beaucoup et m'avait dit « Francesca, un jour je te ferai lire ». Je n'ai jamais pu savoir ce qu'il écrivait, mais il voulait publier un bouquin. Il me disait que personne n'aurait été intéressé par ses écritures. Que pouvaient bien contenir ses lettres ? Cela reste un grand mystère.

***

Mais je crois que le plus grand des mystères reste celui de Francesca. Je n'ai jamais compris comment, après tant d'humiliations et de brutalités commises par un véritable rustre, elle pouvait continuer à le supporter jusqu'à lui donner un deuxième enfant. C'est ce qui se produisit pourtant deux ans après avec l'arrivée de Laurine. Patrick n'avait pas voulu assister à l'accouchement qui, contrairement à celui de Charlène, se déroula de façon sportive. Trois tentatives de péridurale et un grand « crac » dans le bassin. Un beau bébé de plus de 4 kg et un coccyx déplacé, sans qu'aucune des sages-femmes n'ait rien remarqué.

Francesca se retrouva pour l'essentiel seule à domicile, son goujat de compagnon étant allé jusqu'à décréter que les visites de la sage-femme étaient inutiles. Il fit chambre à part pour ne pas être dérangé par les vagissements des bébés pendant qu'il regardait des films sur son téléphone portable.

La petite famille déménagera ensuite sur Aloxe-Corton, dans une maison qui n'avait rien d'extraordinaire, mais qui disposait d'un grand terrain pour les enfants et de la place pour créer. Patrick était toujours surexcité, ne cessant de crier sur les enfants. Il alla jusqu'à détruire en le lançant contre le mur un petit caddie acheté par une grand-mère pour les fillettes. Quant à Francesca, elle tournait en rond, cherchant à satisfaire son besoin de création. C'est sur un site internet qu'elle tomba sur un matériau saugrenu, mais très bon marché : le trombone. On se souvient qu'elle avait déjà essayé ce produit alors qu'elle était en classe de troisième, sous les quolibets de ses camarades. Alors commence pour elle une aventure qui frôle d'addiction, déployant des morceaux de grillages, commandant des trombones par boîtes de 1000 et attendant la nuit que les petites s'endorment pour enfiler les mini-objets. Avec son absence de pudeur légendaire, elle m'avait écrit : *quand je descendais, Patrick me voyait passer. Il me disait « Si tu veux faire une pause, passe me voir ». En gros, il voulait du cul, mais moi j'en avais plus envie. J'avais la haine envers lui. À présent, seules mes sculptures comptaient. Je n'avais que ça dans la bouche : « Créer ».*

Les disputes étaient quasi-permanentes et Francesca menaça de le quitter. *"Si tu pars, vas-y, mais embarque toutes tes merdes qui sont dans le garage (mes merdes c'étaient bien sûr mes sculptures)"*. Le couple ne dormait plus ensemble, Patrick s'était installé dans la salle commune parce qu'*elle le dégoûtait*. Tout le passé remontait à la surface, Francesca lui reprochant de l'avoir séduite avec de fausses promesses, lui l'accusant d'avoir joué *la grosse salope.* Elle chercha refuge sur des sites de rencontres, sans vraiment trouver l'âme sœur, mais au moins profitant d'un espace où elle pouvait discuter librement.

Chapitre XIII

Le chant des partisans

Elle commença progressivement son processus de libération en répondant à une petite annonce de l'hôpital de Beaune où elle fut prise immédiatement. Patrick, qui avait manifestement raté sa carrière de proxénète, était enchanté, car cela allait faire rentrer de l'argent. Il n'avait pas compris le message! Francesca, de son côté, était satisfaite, car elle travaillait de 5 h du matin à 13 h 30, et ensuite pouvait retrouver ses sculptures. Elle aimait me dire qu'elle était morte, physiquement, moralement, mais pas manuellement. Même ses filles l'énervaient lorsqu'elles se chamaillaient alors qu'elle était en pleine création. À l'hôpital, son travail était très apprécié puisqu'on lui confia ensuite un poste de vaguemestre, puis des remplacements au standard et au laboratoire. Elle s'entendait bien avec ses collègues et eut un petit coup de cœur pour Vincent qui devint son amant et son confident. Celui-ci ne pouvait que l'inciter à quitter Patrick au plus vite, mais elle hésitait encore, même s'il ne la laissait pas vraiment disposer de ses propres revenus. Ce qui l'inquiétait le plus, dans l'hypothèse d'une séparation définitive, c'est ce qu'allaient devenir ses sculptures. Avec son sympathique toupet, elle écrivit au Président de la République, cette fois François Hollande, pour lui demander son aide. Il lui répondit en lui donnant toute une liste de lieux où elle pourrait exposer et en remerciement elle lui offrit une petite sculpture. Mais elle n'aura jamais pu exhiber son talent, car à chaque fois Patrick trouvait que c'était «dépenser trop d'argent pour des merdes.»

Un matin, elle prit le travail avec un mal au ventre terrible. Patraque toute la journée, elle appela le soir son médecin traitant qui lui fit plusieurs prélèvements. Elle avait 39,9° de fièvre. Après une nuit douloureuse, le médecin l'expédia aux urgences pour passer une échographie, en raison d'une très grosse infection. Elle refusa que Patrick la conduise et partit seule à l'hôpital. L'échographie se doubla d'une IRM, permettant de détecter une belle appendicite. Elle fut opérée le lendemain. À la sortie du bloc, les infirmières tentèrent de la mettre debout, malgré ses protestations. Elle s'évanouit alors que les assistantes s'écrièrent : «On est en train de la perdre». Il est vrai qu'elle n'avait plus que 26 de pouls. Une bonne journée de repos puis elle rentra chez elle très faible. La confession qu'elle m'a faite à ce moment-là me révulse et je ne l'oublierai jamais :

Quelques jours ont passé, ça commençait à aller mieux, Patrick est passé me voir dans ma chambre me demandant si j'avais envie de faire l'amour. À vrai dire je n'étais pas encore entièrement guérie et j'avais encore mal. Je ne sais pas pourquoi, j'ai pourtant accepté. Mais pendant l'acte sexuel, c'était vraiment bizarre, aucun amour n'existait. Et à la fin tu sais quoi ? Tu sais ce qu'il m'a dit ? Il osa déclarer « Je ne t'aime pas, j'ai voulu faire l'amour avec toi juste pour savoir comment tu allais te comporter ! Tu ne fais plus l'amour comme avant, ça sous-entend bien ce que je pensais ! Tu dois sûrement avoir une autre relation ! »

Je peux te dire que quand il m'a sorti ça je l'ai traité de jolie pourriture. Il avait juste fait l'amour avec moi pour tester mon comportement ! C'est quand même sacrément pervers, non ? Quand j'y repense, j'ai envie de vomir, d'ailleurs je t'écris là et je me dégoûte toute seule, ça me donne la gerbe ! Du reste ce soir-là, je lui avais mitonné une petite tarte aux poireaux. Rien que de me remémorer la première bouchée, mes tripes se révulsent !

***

Francesca partait de plus en plus tôt pour l'hôpital où elle arrivait bien avant l'heure réglementaire. Elle s'y sentait plus en sécurité que chez elle, où elle devait affronter l'épreuve

du matin. Un exemple : *Quand je me levais, il se levait également, juste pour m'embêter. «Il me disait tu te lèves bien tôt, tu vas voir ton mec ?» Je ne pouvais même plus me laver tranquillement. Il rentrait à chaque fois dans la salle de bain juste pour me regarder et m'humilier. Quand je me rasais, il disait que je faisais la grosse salope. Même plus le droit de me raser ! Carrément dingue ! Un jour, alors que j'étais en train de sortir de la douche m'essuyais, et il me dit « tu t'es rasée ? Montre-moi ta chatte ! » Je lui répondis d'aller se faire voir que je le détestais pour ce qu'il m'avait fait. Il a quand même forcé à m'enlever le linge et a vu que je m'étais rasée. Il hurla « J'en étais sûr ! Quelle salope ! »*
J'ai fini par m'enfermer à clef quand j'allais prendre ma douche !

Il en allait de même la nuit où il aimait la harceler sur l'air *je repasse tout à l'heure, tu viendras me montrer ta chatte.* Un matin, les choses explosèrent. Elle devait se rendre à l'hôpital à 3 h 30 du matin pour nettoyer la salle de stérilisation. Il l'accusa d'aller voir son petit copain, la traitant de tous les noms et menaçant de la frapper.
Elle put quand même se rendre au travail et s'épancha auprès de Vincent qui lui conseilla à nouveau de partir tout de suite, d'ouvrir un compte en banque séparé et d'aller voir une assistante sociale pour trouver un appartement d'urgence. Mais il lui était

toujours difficile de franchir l'étape ultime et continua à tergiverser pendant environ 4 mois. Morte de honte, elle finit par aller quémander un peu d'argent à sa grand-mère pour pouvoir s'équiper et louer un garage pour ses sculptures. Elle trouva également un appartement sur le « Bon Coin » qu'elle prit immédiatement. Ayant compris que c'était fini, Patrick essaya de la retenir et la prévint qu'il ne l'aiderait pas à déménager ses « merdes ».

Mais Francesca avait déjà réfléchi à comment déménager ses sculptures sans son aide. Elle fit appel à une société professionnelle. Le coût était assez élevé, mais peu importe, Francesca tenait trop à ses sculptures.

Le patron m'avait beaucoup fait rire, car, lorsque je l'avais contacté précisant que c'était un déménagement de sculptures, il m'a dit « Avant de donner mon accord et pour faire un devis, il me faudrait voir comment sont les œuvres. » Quand il arriva sur le lieu, il fut très étonné, il me dit « Incroyable, c'est vous qui faites ça ? Je n'ai jamais vu ça, ce sera la première fois que l'on déménage des sculptures comme celles-ci ! »

Il me donna son accord oralement et me dit qu'il m'enverrait le devis dans la journée. Après acceptation de ce dernier, mes sculptures seront transportées dans un garage que j'avais trouvé à louer.

Ce jour-là était un grand jour, j'étais très émue

et très stressée lorsque mes sculptures ont été entreposées. J'avais toute la pression qui se relâchait. J'avais enfin trouvé un lieu pour elles et je me débrouillais sans son aide. Je savais que, dorénavant, elles seraient en sécurité.

Je ne suis pas allée les voir pendant plus de 2 ans de peur de replonger dans ma drogue.

Il n'y a que quelques mois que je suis allée voir si tout allait bien.

Je suis restée un moment dans le garage juste pour les contempler et les toucher.

Je me disais ça me manque terriblement de ne pas pouvoir en refaire.

Mais aussi « T'inquiète pas Francesca, un jour tu trouveras bien un local pour reprendre ce qui est cher à ton cœur. »

Je suis partie, triste, mais, avec le souhait qu'un jour je poursuivrai.

Chapitre XIV

« On Air »

Le couple brisé avait fait le choix de se séparer avec la garde des enfants en alternance, une semaine chacun. Mon amie éprouvait un immense soulagement, mais aussi une sensation de vide oppressant, d'autant que la première semaine d'emménagement, elle n'avait pas la garde des petites. Heureusement qu'elle avait encore son travail à l'hôpital et quelques heures à effectuer chez un « petit papy » dont elle s'occupait. Mais elle flottait dans un nuage de vacuité morale, ressassant son passé et éprouvant un désagréable sentiment de saleté intérieure. Elle avait en fait perdu son identité, ne savait plus quoi faire de ses mains et avalait des somnifères en rentrant du travail pour ne plus penser.

Le chemin de la reconstruction sera laborieux.

Francesca resta 3 mois sans créer, une éternité pour qui la connaît bien. Elle n'avait plus envie de manger et ne sortait que pour le strict minimum, d'autant que son contrat avec l'hôpital arrivait à son terme. Malgré notre amitié historique, elle refusait toutes mes propositions de rencontres. Et moi qui m'étais mis en tête de l'inviter au « Caveau des Arches » à Beaune pour fêter sa « libération ». Tout faux !

Enfin le miracle se produisit. Elle raconte :

Et là j'ai eu ce déclic de la photo. Je me suis dit c'est top ! Ça ne prend pas de place, c'est parfait pour moi ! Je n'y connaissais absolument rien en photo, mais pour moi ce n'était pas un problème. À ce moment-là, je ne voulais pas réaliser des photos comme les grands photographes, je voulais seulement m'exprimer. J'avais toujours pensé que par la suite je ferais des mises en scène en sculptures, alors pourquoi ne pas m'utiliser comme modèle.
En fait, je me considérais comme un mannequin en plastique, mais il me fallait une vraie personne, alors je me suis « utilisée ». J'ai commencé par me fabriquer un costume, et puis j'allais poser devant mon téléphone portable. Je calais bien mon appareil et enclenchais le retardateur. C'était à vrai dire une course contre la montre. Je me précipitais pour regarder les clichés, et s'ils ne me plaisaient pas, je recommençais. J'étais épuisée après ces sessions. Même si mes photos ne ressemblaient en rien à des productions professionnelles, je les adorais. Il y avait du reste beaucoup de souffrance dans ces premières œuvres, quelque chose de tristement étrange.

L'utilisation des réseaux sociaux va donner une nouvelle dimension aux travaux de mon amie qui va se frotter au regard de l'autre. Elle découvre que son corps, qui l'avait tant fait souffert, pouvait devenir un sujet artistique à part entière. Et elle trouva la clef qui lui manquait, un logiciel de montage photo (gratuit précise-elle!) pour habiller sa nudité. Un travail qui devient vite une drogue grâce à l'appoint de petits gadgets techniques comme la gomme de retouche ou le long câble déclencheur qui la dispensera de devoir poser devant autrui. L'acquisition d'un « vrai » appareil photo sera le point d'orgue final à l'installation de son « studio ».

Et là je me suis éclatée, mes photos étaient un pur bonheur à présent. Je ne pensais à plus rien, plus aucune souffrance dans mes photos. Je partais très loin dans mon imagination, cherchant toujours à concevoir des choses nouvelles, un peu plus extraordinaires. Mon corps est devenu mon outil de travail à présent, jusqu'à ce que je puisse reprendre un jour mes sculptures en trombones. J'ai appris à m'aimer tout simplement, chose que je ne savais pas faire auparavant; et ça je n'aurais jamais pu le réaliser si j'étais restée avec Patrick qui m'aurait certainement traitée de tous les noms.

Chapitre XV

De Charybde en Scylla

*« L'homme a un instinct sadique et la femme un instinct
masochiste, lesquels sont inconscients, donc incontrôlables. »*
Sigmund Freud/ *Sexualité et psychologie de l'amour*

J'en arrive à la fin de l'aventure de Francesca,
une fin particulièrement éloquente, car elle
résume parfaitement la nature profonde de
mon amie.

*Environ 15 jours après mes premières publications
sur les réseaux sociaux, j'étais entrée en relation
avec Benjamin. Je dirais qu'il m'a en quelque sorte
« sauvé la vie ». C'était ma période noire et j'avalais
pas mal de médicaments pour dormir pour éviter
de trop penser à mes sculptures. J'ai même failli
m'endormir au volant, j'en avais marre de tout et je
n'avais plus vraiment d'appétit. Je me considérais
comme une moins que rien.*
*Il m'inspirait une grande confiance. Nous
discutions pas mal sur Messenger. Rien que dans
nos échanges, je commençais vraiment à l'aimer.
Il se passait quelque chose d'étrange, je ne l'avais
jamais rencontré, mais juste le fait d'échanger me*

faisait un bien fou. Il me disait qu'il avait une compagne, Alexia, qui habitait à 500 km et me demandait si cela ne me dérangeait pas. Je lui ai dit que non cela ne me posait pas de souci et que moi aussi j'étais libre d'aimer qui bon me semblait. De ce côté-là, tout était clair. Par contre, il me disait qu'il était divorcé alors que j'ai appris bien plus tard qu'il ne l'était pas (d'ailleurs je n'ai jamais compris pourquoi il m'a menti à ce sujet, car il était libre à tout point de vue, je lui ai toujours dit).

Parallèlement à cette relation naissante dans un contexte assez spécial, Francesca eut le désir de renouer avec Pierre qu'elle n'avait pas revu depuis l'âge de 19 ans. Il fut bien sûr ravi de retrouver sa petite élève et enchanté d'apprendre qu'elle avait persévéré dans la création. Francesca lui fit part de son souhait de participer à une exposition et il lui proposa de l'accueillir à une prochaine manifestation sur mon magnifique lieu de travail, le Musée de la Vie Bourguignonne à Dijon. Mais encore fallait-il attendre que l'hypothèque Covid soit levée.

Francesca subit alors une forme d'hypnotisme dans lequel elle va plonger corps et âme :
Je me suis beaucoup confiée à Benjamin et il savait presque tout de moi, de mon passé. Quelques mois plus tard, nous décidions de nous rencontrer dans un hôtel où il devait donner une formation le

lendemain. L'hôtel était à environ 3 h de chez moi et je lui ai dit que j'avais très envie de le voir ; j'ai donc pris ma voiture pour m'y rendre. Nous avons passé la nuit ensemble, j'étais vraiment bien en sa compagnie. Le lendemain, il était parti tôt de la chambre et m'a dit que je pouvais descendre prendre mon petit déjeuner si je le souhaitais. À vrai dire, je n'étais pas très à l'aise d'aller déjeuner toute seule dans un hôtel assez chic. Je ne me suis pas attardée dans la salle à manger, je suis remontée dans ma chambre, pris mes affaires et refais le chemin pour rentrer chez moi.

Tout le long de la route, je n'arrêtais pas de penser à lui, il m'avait carrément chamboulée.

Je lui avais envoyé un message pour le remercier de ce moment passé en sa compagnie.

Nous continuions toujours à discuter sur Messenger et nous avions décidé de nous rencontrer chez lui et qu'il me paierait mon billet de train. Il était toujours dans sa maison, séparée de sa femme. Il avait gardé la maison le temps qu'elle soit vendue. C'était une très belle petite maison. Nous avions bu du champagne devant un petit film et nous avions beaucoup fait l'amour. J'ai vraiment adoré. Je suis repartie le lendemain et il m'avait appelé une mototaxi pour qu'elle m'emmène à la gare.

Quelques mois ont passé, il me disait avoir enfin un acquéreur pour sa maison et qu'il s'était trouvé un appartement plus près du centre. Il me disait qu'il avait hâte de me revoir, et moi aussi j'avais *trop hâte. Une fois arrivée dans son nouvel appartement, je l'avais aidé à défaire ses cartons. Il m'a même proposé de récupérer des objets si je le voulais. C'était vraiment très gentil de sa part. Je venais 1 fois tous les 15 jours le voir, je restais 2 nuits chez lui et je repartais chez moi. Il me disait qu'il allait bientôt partir à l'étranger pour donner une formation et qu'il serait ravi que je puisse l'y accompagner. Il est vrai que j'étais aux anges, il me faisait littéralement rêver.*

Les mois passèrent et il était bien parti donner sa formation à l'étranger, mais sans moi. Il me disait qu'il était désolé que ce serait pour une prochaine fois. Mais à chaque fois, c'était pareil au final, il ne m'a jamais emmenée avec lui. Tous les jours et plusieurs fois par jour, il appelait sa compagne à des heures bien précises. D'ailleurs, je trouvais cela assez étrange, car c'était comme un rituel. Il faisait semblant le soir d'aller se coucher pour montrer à sa compagne qu'il était fatigué et qu'il allait dormir, car ils se téléphonaient en visio. Alors que pas du tout, il revenait après vers moi pour qu'on puisse profiter de la soirée. Il me disait « c'est fait, comme ça on est tranquille ! »

Un beau parleur, un homme multipartenaires et une pointe de vénalité, un contexte dont la naïve Francesca commence à comprendre la signification.

Benjamin me disait que certaines de mes créations

devraient être accrochées dans un musée, qu'il m'aiderait à exposer, qu'il me mettrait en relation avec ses contacts, qu'il m'achèterait une de mes œuvres pour la faire développer en grand et la mettre dans son salon. Il savait que mon Art était plus que tout pour moi. Je lui avais toujours dit que si un jour je ne pouvais plus continuer, je préférerais mourir.

Il ne m'a jamais aidé.

Je commençais à ressentir des choses très fortes en moi. En fait, je savais que tout ce qu'il me disait était mensonges, alors je le laissais parler. Je ne sais toujours pas pourquoi il m'a menti de la sorte. Je pense sûrement qu'il y avait beaucoup d'enjeux financiers. Sa compagne apparemment possédait une belle situation et avait pas mal d'argent à l'entendre parler, alors tu penses bien que je ne l'intéressais pas, sauf pour le cul. J'ai vite ressenti que j'étais un objet sexuel pour lui, ni plus ni moins, et qu'il n'avait aucun sentiment à mon égard, mais il aurait dû me le faire savoir dès le départ, ça aurait été plus clair.

Je continuais quand même à aller le voir, car c'est vrai que je l'aimais beaucoup même si ce n'était pas partagé !

Malgré la présence étouffante de Benjamin, Francesca développa un petit réseau d'amis, fascinés pas ses exhibitions sensuelles généreusement partagées sur internet. Pour la petite histoire, j'évoquerai la colère, mais aussi l'incompréhension de mon amie lorsqu'elle fut bannie pour un mois de l'un des plus gros réseaux sociaux pour « diffusion d'images non conformes. » La pointe d'un téton ou l'ombre d'un pubis ne sont pas du goût des barbus du virtuel. Cela lui arrivera du reste à plusieurs reprises.

Elle rencontra Richard, un de ses admirateurs sur Rennes qui lui fit la surprise de lui montrer un magnifique album-photo qu'il avait réalisé pour son propre plaisir à partir de ses créations. Elle eut des entretiens enrichissants avec un autre de ses supporters, Antoine, qui lui expliqua que ses œuvres étaient souvent trop chargées. Ce dont elle convint volontiers. Elle fut invitée aussi par Oscar qui la fit beaucoup rire en lui disant qu'il ne la reconnaissait pas, » *ça me fait vraiment bizarre de te voir habillée, car on te voit toujours nue dans tes créations !* » Oscar, un vieux routier de la contre-culture des sixties, lui avait organisé un superbe buffet chinois et convié des amis artistes pour lui permettre d'échanger sur l'Art. Elle se souviendra longtemps de la salade aux fleurs de bananiers qu'il lui avait fait tester… et approuver !

Francesca finit enfin par prendre conscience qu'elle était prisonnière d'une relation toxique. Elle s'en échappera, comme à l'accoutumée hélas, dans les cris, les coups et la fureur.

J'étais chez Benjamin, nous mangions un bon petit repas et il me racontait son périple seul à l'étranger dans un magnifique hôtel… Je l'écoutais, mais j'en avais marre, je savais que tout était du pipo. Il était parti en fait avec sa compagne. Je ressentais absolument tous ses mensonges. Mais pourquoi m'avoir menti ? Quel était l'intérêt ? Ça bouillonnait au plus profond de moi et je me suis retenue pour ne pas ouvrir la discussion avec lui à ce moment.

L'après-midi passa et je devais bientôt me préparer pour aller prendre mon train. Nous étions en train de visionner un film et je n'ai pu me retenir. Je lui demandai pourquoi il me mentait tout le temps, précisant que je j'avais tout compris ! Il m'a dit « Comment ça te mentir ? J'ai toujours été sincère avec toi ! » Je voyais que ça commençait à grimper dans les tours, je ne comprenais pas pourquoi il s'énervait, car moi, j'étais calme, et je ne voulais absolument pas m'énerver. Alors je lui ai expliqué tous ses mensonges, ajoutant que ça me faisait vraiment très mal qu'il triche sans arrêt, alors que j'avais toujours été sincère sur ma vie. Même s'il avait eu 5 femmes, cela ne m'aurait pas dérangé, l'essentiel pour moi était de passer de bons moments avec lui.

Alors il a commencé à se lever du canapé en me disant « Écoute Francesca, tu m'emmerdes qu'est-

ce que tu viens me faire chier!» Il ajouta *«Je ne t'ai pas aidé jusqu'à présent?»* Je lui ai répondu que si, il m'avait aidé un peu matériellement, mais que je n'en avais rien à faire, l'argent n'était pas important pour moi! Moi ce que je voulais c'est qu'il m'aide dans mon Art comme il me l'avait fait croire!

Et là il m'a collé une gifle; je n'ai rien compris à ce qui m'arrivait. En fait j'avais trop la trouille. Lui, un homme comme lui? Admiré par beaucoup de personnes? Je lui ai dit qu'il n'avait pas le droit de me frapper. Il ne cessait de hurler «Tu ne vas quand même pas foutre mon plan en l'air, non?» Alors j'ai très vite compris que sa compagne était bien plus importante que moi. Elle possédait beaucoup d'argent, une bonne situation... Excepté qu'elle n'aimait pas le sexe!

Alors il est vrai qu'il préférait nettement partir en sa compagnie qu'avec moi! Car ayant lui-même des problèmes financiers, il fallait bien qu'il se trouve une personne qui puisse l'aider pécuniairement, ce que je ne pouvais faire. Alors tu imagines bien que si j'allais raconter son petit manège à sa compagne, tout son plan tomberait à l'eau.

Il m'a dit «Je ne t'ai jamais aimé Francesca! Tu m'entends! Jamais! Mets-toi bien ça dans ta tête! Je lui ai répondu, «tu ne l'aimes pas non plus, c'est simplement son argent que tu aimes!»

Francesca était meurtrie d'avoir été prise pour un objet sexuel bassement vénal et de n'avoir vu venir la réalité que tardivement. Il y a longtemps que j'avais compris que ce n'était pas la peine de la mettre en garde, de l'inciter à la prudence, elle ne réagissait que par flashs intuitifs. C'est certainement ma vieille éducation protestante qui reprend le dessus en écrivant ces quelques lignes, mais comment lui expliquer qu'à force de se promener quasi nue sur facebook, elle allait attirer une faune de voyeurs pas toujours très bien intentionnés ! Elle avoue être entrée en relations sur les réseaux avec un certain Maxence, sculpteur dans la région d'Enghien qui, sous prétexte d'adorer ses prestations, ne cessait de l'inonder de photos de bimbos. Manifestement un hyper -masto-maniaque ! Il alla même jusqu'à lui demander, moyennant rémunération, de lui produire une mini-session vidéo dans laquelle elle se ferait jouir. Oscar, à qui elle avait raconté l'histoire, lui suggéra de lui envoyer la photo d'un gros phallus. Cris d'orfraie, hurlements au scandale… Le sculpteur libidineux disparut sous les lisières du lac, victime d'un oubli bien mérité.

Elle termine le récit de cet incroyable gâchis de la sorte :

J'ai pris un autre taxi et j'ai appelé mon ami Oscar, lui racontant la scène qui venait de se produire. Il me dit « Viens à la maison Francesca, je te paierai ton taxi ne t'inquiète pas ! »

Alors j'ai demandé au taxi de changer de direction et qu'il m'emmène à l'endroit où Oscar habitait. Arrivée sur place, je l'appelai pour lui dire que j'étais en bas de chez lui. Il est descendu, a payé le taxi et quand nous avons pris l'ascenseur, j'ai éclaté en sanglots. J'étais trop triste de ce qu'il venait de se produire avec Benjamin. « Tu as bien fait de m'appeler Francesca ».

Nous avions bu un verre chez lui, une vodka orange bien tassée, et je lui racontais mes mésaventures. Je lui disais que je ne comprenais absolument pas son geste, cette relation aurait pu se terminer dans le calme, non ? Pourquoi en être venu aux mains ? « Tu m'as baisée et tu ne m'as jamais aimée ! » À vrai dire, j'étais trop triste d'avoir été prise pour un simple objet de plaisir discrètement monnayé.

Oscar avait préparé un petit dîner et faisait beaucoup d'efforts pour me consoler et me changer les idées. Mais Benjamin ne cessait de me harceler au téléphone, me demandant de revenir. J'ai dit à Oscar avec qui je passais pourtant un moment sympathique et qui voulait me garder pour la nuit que je prenais un taxi pour retourner le voir. Oscar m'a demandé si j'étais bien sûre de vouloir partir, car il était très inquiet pour moi. Je lui ai dit oui ne t'en fais pas. Si tu n'as plus de nouvelles de moi dans la soirée, c'est qu'il se sera passé quelque chose. J'ai pris le taxi et je suis retournée chez lui.

Il m'a envoyé «promets-moi de ne rien dire à Alexia ! »

Je lui ai demandé pourquoi il m'avait menti ainsi ?
Il m'a déclaré que ce n'était pas mes oignons.

Je lui ai avoué que je n'aurais jamais pensé ça de lui. « Toi qui sais si bien parler aux autres, tu n'as jamais compris que la violence ne servait à rien ? » J'ai ajouté qu'il était une grosse pourriture et que si un jour sa compagne découvrait sa vraie nature, elle tomberait certainement des nues. Il m'a allongée sur le lit avec sa main autour de mon cou. Il me faisait mal, je lui dis « vas-y tue moi ». Il a rigolé, je me suis énervée, car il n'arrêtait pas de hurler qu'il ne m'avait jamais aimée. Il m'a poussé, je suis tombée par terre et j'ai fermé les yeux pour que tout ça s'arrête. Je pense qu'il a dû avoir un peu peur, car il a écouté mon pouls et a remarqué « Ah, enfin la paix ». Il a également ajouté que même s'il n'avait pas fait la police, il savait où taper pour ne laisser aucune trace.

Et il ne cessait de ruminer : « Je te promets que si tu racontes quoi que ce soit, je vais te pourrir la vie, tu m'as bien compris Francesca ? » Je lui ai demandé s'il avait déjà frappé aussi ses autres femmes. Il a botté en touche, m'interrogeant sur combien je voulais d'argent contre mon silence. Je n'en avais rien à faire de son argent.

Entre-temps j'avais tout enregistré sur mon portable à titre de sécurité.

Il m'a demandé si je dormais avec lui ou si je voulais dormir seule. Quelle question ! Bien sûr que je voulais dormir seule !

Le lendemain matin, nous nous sommes réveillés très tôt, il m'a déposé au premier train. Dans la voiture, il m'a dit qu'il ne voulait vraiment pas me faire souffrir.

"Préviendras-tu Alexia ? "J'ai fait un signe non de la tête.

Arrivé à la gare, il m'a dit qu'il n'avait jamais vécu avec une autre femme ce qu'il avait vécu avec moi. Que chaque moment était délicieux ! Moi j'étais muette comme une carpe ! Il m'a enlevé mon masque, fait un bisou sur la bouche, m'a remis mon masque et m'a demandé de lui envoyer un message pour dire que j'étais bien rentrée chez moi.

Je suis partie prendre mon train sans me retourner. J'étais pressée de rentrer à la maison. Arrivées chez moi, j'ai envoyé un message l'informant que j'étais bien rentrée. Je n'arrivais vraiment rien à avaler, même un simple verre d'eau ne passait pas. 2 jours plus tard, je lui ai envoyé un message, pas de réponse, puis un par mail, et il m'a répondu "je ne veux plus de toi nulle part dans ma vie".

Je l'ai remercié pour sa réponse, ajoutant « prends bien soin de toi quand même ». Voilà comment ça s'est terminé.

Chapitre XVI

Retour vers le Futur

*Quand une femme prend la décision d'abandonner la
souffrance, le mensonge et la soumission.
Quand une femme dit du fond de son cœur : 'Assez, me
voilà.'
Ni mille armées d'ego ni tous les pièges de l'illusion ne
peuvent l'arrêter dans la recherche de sa propre vérité.
Là, les portes de sa propre âme s'ouvrent et le processus de
guérison commence.
Le processus qui va progressivement la ramener à elle-même,
à sa vraie vie.
Et personne n'a dit que ce chemin est facile, mais c'est la
'voie'.
Cette décision elle-même ouvre une ligne directe avec sa
nature sauvage et c'est là que le vrai miracle commence…*

Clarissa Pinkola Estés
{Femmes qui courent avec les loups}

Francesca replonge dans une période de
déprime, ne s'alimentant plus, étouffée par
un violent sentiment de culpabilité. Elle se
confie auprès de ses amis, notamment Hugo
et Charles qui ne peuvent que lui dire la même
chose : « Choisis mieux tes amis », « Ouvre les
yeux », « Concentre-toi sur l'Art et sur rien
d'autre » … Son énergie créatrice reprendra

pourtant progressivement le dessus et, restée en contact avec Pierre, elle apprit que la date de l'exposition au Cloître approchait. Elle m'appela, tout excitée par la bonne nouvelle, pour me demander de lui donner un petit coup de main. Elle fit également un saut à Paris chez Oscar à qui elle avait fait appel pour mettre au point une lettre-présentation de son œuvre. Deux jours de travail hors du temps dans le repaire du vieux druide des Buttes-Chaumont !

Le jour J était enfin arrivé, j'étais trop heureuse de retrouver Pierre que je n'avais jamais revu depuis plus de 16 ans. J'ai eu du mal à trouver l'entrée, car le numéro du bâtiment avait été effacé. Je l'ai appelé et il est venu à ma rencontre. Je lui ai dit que j'étais vraiment très heureuse de le voir. Il n'avait pas changé, je l'aurais reconnu facilement si je l'avais croisé quelque part. Nous sommes allés accrocher ensemble mes tableaux au cloître du musée de la vie bourguignonne, avec la participation de mon amie Héloïse qui était très heureuse de me revoir (enfin !).
Un moment inoubliable. Il est vrai que j'étais vraiment très émue.
Pierre a trouvé que mes tableaux étaient magnifiques. J'ai mitraillé de photos une fois tout installé. Pierre devait ensuite faire des courses pour le vernissage d'une pièce de théâtre. Il m'a demandé si ça m'intéressait d'aller la voir. J'acceptai

avec plaisir. Je lui ai parlé de mes sculptures en trombones et élastiques que j'adorerais exposer, car elles n'ont pas encore vu le grand public. Il m'a dit qu'il m'aiderait à les exposer, j'étais très heureuse. Il m'a fait visiter l'Hostellerie où je pourrais les installer. Un merveilleux endroit.

Arrivés au théâtre, j'ai pu regarder la pièce qui se jouait et, une fois terminée, j'ai aidé mes amis à servir le pot de l'amitié. Puis la femme de Pierre m'a raccompagnée à ma voiture. Je les ai tous remerciés pour ce merveilleux moment.

Je suis rentrée chez moi des étoiles pleins les yeux. Quelques semaines plus tard, une autre bonne nouvelle tomba, on me contacta pour exposer mes créations photo à la Léproserie de Meursault, j'étais vraiment sur un petit nuage.

> *Au moindre coup de Trafalgar*
> *C'est l'amitié qui prenait l'quart*
> *C'est elle qui leur montrait le nord*
> *Leur montrait le nord*
> *Et quand ils étaient en détresse*
> *Qu'leurs bras lançaient des S.O.S.*
> *On aurait dit les sémaphores*
> *Les copains d'abord*

> Georges Brassens
> *Les copains d'abord*

Francesca n'a pourtant pas connu que des monstres violents ou pervers dans sa vie, et lorsqu'elle a appris que je lui préparais une petite surprise éditoriale, elle a tenu à rendre ce sympathique hommage, en guise de conclusion :

Certaines personnes resteront gravées à jamais dans mon cœur et j'aimerais vraiment les revoir dont Gena mon infirmière, Betsy, mon éducatrice, Loïc, mon capitaine de police, et bien d'autres... Quand on n'arrive pas à les retrouver, on se pose des tas de questions :

Vont-elles bien ?
Sont-elles toujours en vie ?
Ont-elles quitté la France ?

C'est ce qui s'est passé avec Jean-Marc, mon psychiatre de cœur, j'étais trop triste de ne plus avoir son numéro de téléphone et je n'arrivais pas à le retrouver sur Internet. Je pensais que je ne le verrais peut-être plus jamais. Jusqu'au jour où j'ai pu localiser une personne de sa famille sur les réseaux sociaux. Contact noué ! À vrai dire, mon cœur battait à 10 000 à l'heure. Le lendemain soir, il m'appela, j'étais trop contente. Nous avons discuté un bon quart d'heure et promis de nous revoir après les vacances qu'il devait passer avec ses petits-enfants.
Nous avons rediscuté par SMS, le temps que l'on puisse se voir, et avions prévus de nous donner rendez-vous dans la rue de notre bistrot préféré. Arrivée sur les lieux, je constatai qu'il n'existait plus. Je crois que j'ai dû attendre 5 min qui me

paraissaient interminables. Je l'ai vu passer dans la rue, je l'ai appelé, lui ai fait coucou. Nous nous sommes fait la bise, je me souviens qu'il m'a dit « Que tu es belle », moi je lui ai dit, « tu ne peux pas savoir comme je suis trop contente de te retrouver, ça faisait tellement longtemps ».

Jean-Marc m'a invitée dans un très bon petit restaurant. Nous avons beaucoup discuté de toutes ces dernières années… Puis nous sommes allés voir ensemble mon expo au cloître du Musée de la Vie bourguignonne. Il était déjà l'heure de se quitter et j'aurais aimé qu'il reste plus longtemps, c'était beaucoup trop court, mais il avait aussi des choses à faire de son côté. Alors nous nous sommes promis que, la prochaine fois, on se verrait chez moi, ce qui me permettrait de lui montrer mes sculptures. Je l'ai serré dans mes bras et je lui ai dit que j'étais trop contente de l'avoir retrouvé. Lui aussi était très ému. Je ne voulais plus partir de ses bras, j y étais trop bien. C'était la sécurité que j'avais recherchée si longtemps.

Elle ne manquera pas de le retrouver rapidement, cette fois à Besançon. Elle raconte que lors du dîner en terrasse, ils essuyèrent quelques gouttes d'eau, avant de se prendre une bonne douche. Le poulet aux morilles (encore !) flottait dans l'assiette. Et de façon curieuse, les tables situées de l'autre côté étaient épargnées. Ils ne tardèrent pas à comprendre que l'origine de cette intempérie n'était autre qu'une petite Mamie qui arrosait les plantes de son balcon… sans omettre de jeter un œil aux dégâts collatéraux qu'elle occasionnait en-dessous d'elle ! Placide, la serveuse reconnut qu'elle faisait ça tous les jours à la même heure ! Autre anecdote le lendemain, au restaurant de la Citadelle. Je ne sais pas si Francesca avait (toujours) des morilles dans l'assiette, mais un curieux spectacle se déroulait derrière elle. Je reproduis le SMS avec lesquels elle m'a raconté la scène, un texte qui ne manque pas de fraîcheur !

Jean-Marc me dit regarde derrière toi la femme qui a le nin-nin[7] entre ses seins. Et moi, tu me connais bien avec mes idées perverses. J'ai rigolé et je lui dis : Imagine tu as une queue en nin-nin entre les seins et tu écris « Caresse moi. » Comment va réagir la peluche ? J'étais écroulée de ma connerie, mais je suis passée par toutes les couleurs Jean-Marc me dit « t'es rouge comme une pivoine ». Et je lui répondis « c'est ma connerie qui a pris de la couleur ! »

***

---

7   PUB ! Nin-Nin® (on dit N'1-N'1) c'est le doudou français, fun et fabuleusement doux que les bébés adorent. C'est un doudou mixte, c'est un doudou original et c'est un doudou personnalisable… Il est le cadeau de naissance idéal qui restera à vie aux côtés de votre enfant.

Je suis vraiment très contente d'avoir pu partager grâce à Héloïse un morceau de ma vie. Je n'aimerais pas que les gens prennent pitié, ce n'est pas du tout le but de ce récit qui m'a été un peu « extorqué » ! Le passé est le passé, mais il est vrai que les gens qui ont vécu des choses pas très drôles restent encore et toujours un peu fragiles, même si elles se sentent fortes. On peut toujours s'en sortir si on le désire au plus profond de soi.

Une mission n'est jamais totalement accomplie, mais je vais poser la plume. Francesca a aujourd'hui 36 ans et elle a parfaitement raison de dire que je n'ai fait que de raconter une tranche de sa vie. Le meilleur est devant elle si elle sait éviter ses fascinations de gamine et se consacrer à ce qui est devenu l'essentiel de son œuvre. Sans rougir, je lui offre ce merveilleux poème de Charles Baudelaire ; elle comprendra :

Je suis belle, ô mortels ! comme un rêve de pierre,
Et mon sein, où chacun s'est meurtri tour à tour
Est fait pour inspirer au poète un amour
Éternel et muet ainsi que la matière.

Je trône dans l'azur comme un sphinx incompris ;
J'unis un cœur de neige à la blancheur des cygnes ;
Je hais le mouvement qui déplace les lignes,
Et jamais je ne pleure et jamais je ne ris.

Francesca, de la douleur à l'envol

Les poètes, devant mes grandes attitudes,
Que j'ai l'air d'emprunter aux plus fiers monuments,
Consumeront leurs jours en d'austères études ;

Car j'ai, pour fasciner ces dociles amants,
De purs miroirs qui font toutes choses plus belles :
Mes yeux, mes larges yeux aux clartés éternelles !

Charles Baudelaire
Beauté
Les Fleurs du Mal

Achevé d'imprimer en septembre 2021
par Createspace
(KDP)

Les Éditions de l'œil du Sphinx
36-42 rue de la Villette
75019 Paris
Tél : 09.75.32.33.55
Fax : 01.42.01.05.38
Email : ods@oeildusphinx.com
Web : www.oeildusphinx.com